老いることの意味を問い直す

フレイルに立ち向かう

監修
新田國夫 Nitta Kunio

編著
飯島勝矢 Iijima Katsuya
戸原　玄 Tohara Haruka
矢澤正人 Yazawa Masato

クリエイツかもがわ
CREATES KAMOGAWA

はじめに

前著『食べることの意味を問い直す』は、高齢者ができるかぎり、最期まで口から食べることができることを理想とする地域社会の実現を意味しました。

この地域社会の実現のためには、個々の人々の物語の集積がその基本にあります。口から最期まで食べることを問い続ける、一人ひとりの物語を丁寧に拾い上げていくこと、そして、そのための実践をしていくことが、改めて価値あるものとして見直されています。

それでは、最期まで口から食べることの重要性とは、いったい何を意味しているのでしょうか。口から物を食べられなくなったら、私たちはどうしますか。

周知のように、医療手段はさまざまあります。しかしながら、その判断を、現在の医療は、あまりにも安易に選択していないでしょうか。

食べられなくなった時、一つの医療手段を選択することは容易です。でも、医療手段を選択するのは、本来、いったい誰なのでしょうか、その人は選択するのに、ふさわしい人でしょうか。また、今、食べられないことは本当にその人にとって最後の段階なのでしょうか。

最近、高齢者は在宅で、最期まで生活することができなくなってきた人も多くいます。安全という幻想の中で家族に依存する高齢者に対して命令し、あるいはあえて大っぴらに命令をしたりはしません。なぜなら本来、家族は命令する権利をもっていないからです。本人に対して正面から行くことをしないで、裏で医療関係者、介護関係者と取引をし、家族の言いなりにさせます。当人のためになるからの論法が、安全という幻想社会を作り出し、施設に入るようにすすめ、そこへ遺棄するのです。現代のうばすて山です。高齢者は衰弱と死に向かうしかなく抵抗することができません。そこでは大それた美名のもとに、無益な厄介者でしかなくなります。衰弱と死は高齢者にとって必然ですが、私たちは生きる限りその必然を許容し、抵抗しなければなりません。

遺棄される死ではなく、豊かに生きる死でなければなりません。そのためには医療関係者、介護関係者は、遺棄する者と共犯者になってはならないのではないでしょうか。

本書では、その部分の考え方について、問いかけています。

「食べること」の意味の話に戻りましょう。食べることの意味を問うことは、実は、人生の最終段階に到達する以前に、多く出現しています。

同伴者と共々に老い、食生活が単調になり、低栄養から虚弱になる人。同伴者がいなくなり、一人暮らしになる人。あるいは子どもと同居していても、実は一人で食事をしている、いわゆる孤食の人。孤食は食べられなくなるのではなく、基本的な人間の食事という環境の崩壊を意味していないでしょうか。貧しい献立、おいしくない食事を仕方なく食べるような状況、そんな状況が全国の多くの場所で、あるいは、配食サービスの中で行われているのではないでしょうか。

買い物に行けない人、食事をつくれない人には、配食することがよいサービスを提供することと考えられていますが、そこでは、実は「孤食」という環境が、食べられなくする状況をつくっているのではないでしょうか。

栄養士さんは、カロリー計算を熱心にしていますが、それ自体が、意味がないことになってしまわないでしょうか。

施設は、大きな食堂で食べていますが、これは、孤食ではないのかと言えば、「群衆の中の孤食」と言えるかもしれません。隣で食べる人とは会話もなく見知らぬ他人です。高級レストランで夫婦、恋人、友人たちが楽しそうに会食する中、一人で食べる高齢者の姿を見るのは、まさに現代社会の構図であると言えますが、施設の中でも同様なのです。

現代社会は伝統的家族主義が崩壊し、一人で暮らし続ける社会でもあります。家族の幻想を持ち続けながら、家族から遺棄される構造が日本の隅々まで広がり続けると、日本社会は減退していくと思われます。

アメリカの社会学者のデービット・リースマンは「孤独な群衆は孤独に耐えられない個人」(『孤独な群衆』一九五〇年)を提起しています。社会の中で、担っている役割を喪失した人は高齢者に限りませんが、役割を喪失するということは性格の変容をもきたすものです。リースマンの言う社会的性格とは個人の性格に由来するものでなく環境に由来するとしています。社会の情勢に応じて社会的性格が変化し、人口成長期、過渡的成長、初期減退という人口変化を指標とする社会変動に応じて、個人の性格は伝統指向型から内部指向型、他人指向型へと変化するとしているのは、個人判断でするのではなく、家族にゆだねる環境があり、現代社会に照らし合わせると、高齢人口減少世界は社会的価値観を変容させ、さらなる孤独な群衆を作りあげる社会でしょう。性格は個人因子よりも社会因子がまさり、虚弱集団を作り上げる。食べられなくなる前に食べることの楽しさを失う社会、さらに日本全国に広がったのはメタボの言葉でした。肥満を悪とし誰もが食を制限しています。高度成長期に重なり飽食の世界が忌み嫌われ、健康概念と結びついたものです。

バブルは肥満と重なり人が生きていく中で悪者にされ、脳卒中が脳出血から脳梗塞へ転化していくことになりました。戦後続いた低栄養による虚弱社会から肥満社会への変貌は社会的害とみなされることにもなりました。しかしながら、社会の基本構造の変化は虚弱に進む構造的矛盾を生じ、医学界は現在、肥満、高血圧、糖尿病を悪とするため食生活の制限を進めています。

一方、本人たちの食生活は貧困であり、この二つが相乗作用を働かせます。時代は高齢社会に突入した現在、何歳になっても若年者と発想を同一にする医学界、マスコミ、そして市民の意識変容が求められます。医学は生活を診ない検証主義です。検証主義の盲点は数十年の時間差があり、今に生きないことです。貧困社会が継続し、今の医学からの現状を継続すれば、2040年の世界を予測すると、貧困がかさなりフレイル（虚弱）が蔓延する社会となり、1950年以前の世界へ戻ることが予想されます。本書を読まれることにより、さまざまなことを検知する機会としてほしいと思います。

本書の構成と概要は、Part1「高齢者のフレイル論――上手に老いるには」、Part2の座談会1「栄養・身体活動・社会参加の三位一体でフレイル予防を国民運動に」は、東京大学高齢者総合研究機構の飯島勝矢教授が、千葉県柏市の「柏スタディー」での65歳以上の高齢者を対象にした大規模研究の成果とフレイル対策の原理を熱く論じています。

この「高齢者のフレイル論」は、従来のメタボ対策やさまざまな介護予防のプログラムにはなかった斬新さ、エビデンスにもとづく説得力ある提案です。また、「栄養（食／口腔）からみたオーラルフレイル」の提起は、前著の『食べることの意味を問い直す』で取り上げた「摂食嚥下」のテーマを明確にフレイル論で展開されたことは、歯科界にも大きな刺激を与えています。さらにこのフレイル予防の取り組みの革新性は、それを国民運動にまで高めること、そのためのさまざまな工夫やアイデアが盛り込まれていることです。

そして、この「フレイル予防は『総合知』によるまちづくり」だとの位置づけは、前著で多摩地域での実践的な取り組みから、新しい時代を展望しようとした試みと、本書は似ているし、さらに発展させているとえます。あくまでも、目的は、地域社会の未来をいかに構築していくかということにあるからです。地域というフィールドで、さまざまな実験的取り組みとして展開してこられた報告は、今後、私たちがこの対策を実践に移すうえで、きわめて貴重です。

Ｐａｒｔ３「８０２０運動を経て、オーラルフレイルへ…」は、８０２０運動が「八〇歳になっても二〇本以上の自分の歯を保とう」という運動として国民によく知られていますが、高齢化人口が増大する中でさまざまな限界と停滞があり、それを進化させた新たな運動を作り出せていない歯科界にとって、「オーラルフレイル」を防ぐのが大切だと国民に理解してもらう活動と「待ちのスタンスから生涯つき合う歯科医師へ」と変わることが必要だと提起します。

Ｐａｒｔ４　座談会２「栄養管理における発想転換」は、埼玉県和光市、理想の地域包括ケアと言われる「和光方式」のコミュニティケア会議（地域ケア会議）に関わった「外部管理栄養士」が、従来のカロリー計算から始まる数値の栄養管理から発想を転換して、高齢者に取り組みやすい栄養の考え方や方法、簡単にできる料理、「食を通じて生活をトータルに見る栄養管理」の実践から学ぶべき点が多くあります。

Ｐａｒｔ５「栄養の意味を問い直す――地域、在宅での栄養の重要性と課題」は、ここでも必要カロリー計算による「疑問に満ちた『正常値』」、高齢者の低栄養問題など、従来の栄養計算式からの発想では解決できない、高齢者の栄養問題に鋭く切り込む提起をしています。

Ｐａｒｔ６　座談会３「食べることができなくなるとき――『誤嚥性肺炎から胃ろう』への悪循環を断ち切る」では、本当に食べられなくなったときの課題として、医学的な問題、本人の意思能力の評価、嚥下評価、日常生活、「本人も口から食べたい、家族も食べさせたい、食べさせないのは医療者だけ」という倫理的なジレンマのなかで、最期をどう豊かな時間を過ごせるか、事例をもとに本質に迫ります。

本書に示すものは、二〇三〇年以降、これから、国が推進する高齢者の健康づくりのパラダイムと運動論の全貌が明らかになっており、前述の日本の状況に対する一つの処方箋となり、地域包括ケアとは、まさに「まちづくり」であり、「地域づくり」であるということです。

二〇一六年六月三〇日

新田　國夫

CONTENTs

CONTENTs

フレイルチェックの高齢者サロンルポ

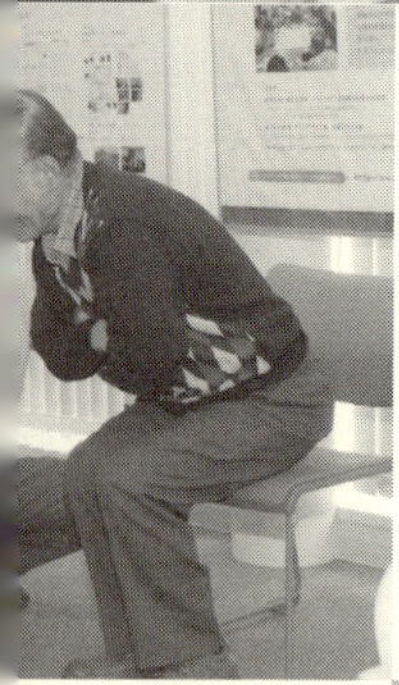

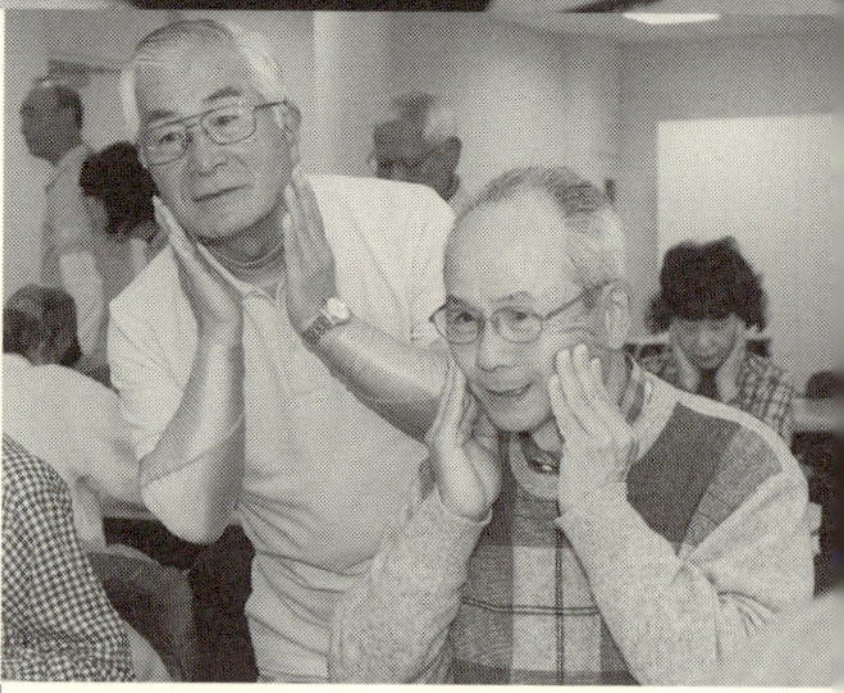

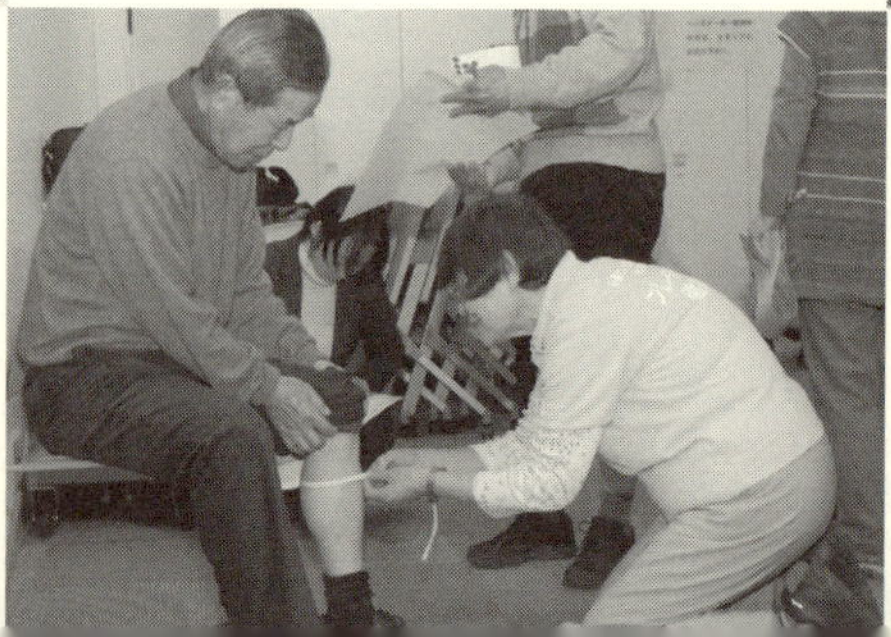

PROLOGUE
プロローグ

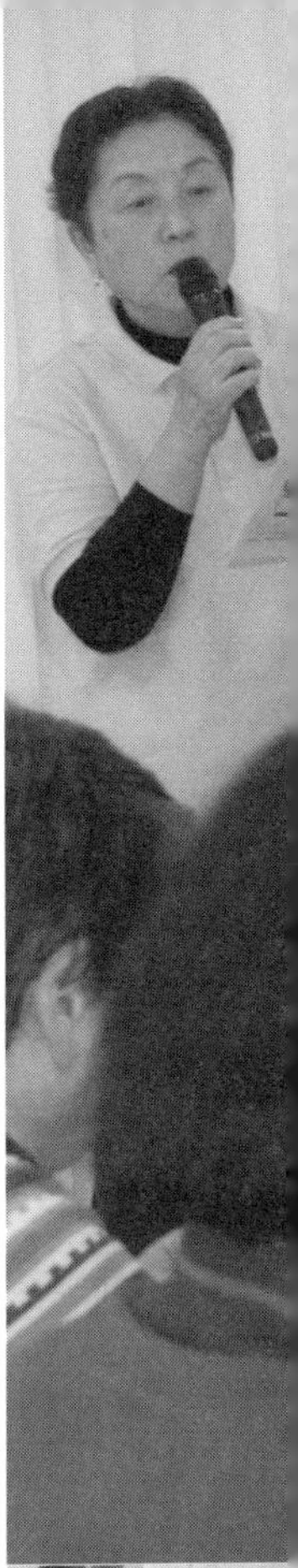

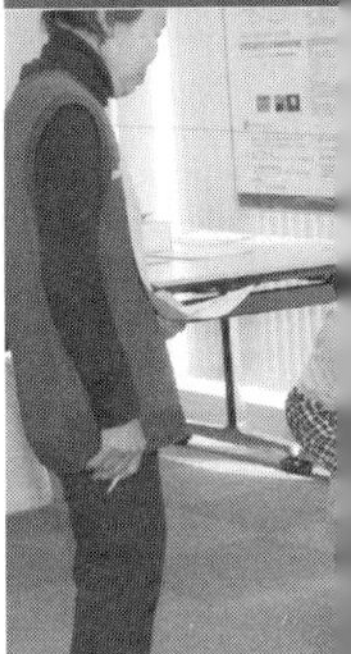

千葉県柏市。江戸川と利根川にはさまれた同県北西部に位置する人口四一万余の中核市です。この柏市の北西部、四五ヘクタールという広大な柏の葉公園の隣に、東京大学柏キャンパスがあります。二〇〇〇（平成一二）年、本郷、駒場に次ぐ第三の主要キャンパスとして設置されました。二〇一五（平成二七）年にノーベル物理学賞を受賞した梶田隆章教授が所長を務める宇宙線研究所も、同キャンパス内にあります。

二〇一六（平成二八）年三月のある日のことでした。同キャンパス内の第二総合研究棟を、二十数人の高齢者のグループが訪れました。同市最南部エリアの老人クラブ「増尾プラチナ会」のメンバーで、電車とバスを乗り継いで一時間ほどかけてやって来ました。目的は、同大学高齢社会総合研究機構の飯島勝矢教授のグループが取り組む健康測定会「市民サポーター主導型健康増進プログラム（通称フレイルチェック）」への参加です。

飯島教授らは二〇一二（平成二四）年から三年間、同市内で二〇〇〇人規模の大規模健康調査（柏スタディー）に取り組んできました（本書Ｐａｒｔ２、３参照）。その結果を踏まえ、フレイル徴候の早期発見とその予防を国民的な運動にしていくことをめざし、二〇一五年からは同市内二〇の地域エリアごとにある近隣センターなどの高齢者サロンで、同プログラムを展開しています。この日はたまたま地元で会場が確保できなかったことから、柏キャンパスでの開催になったものでした。

プラチナ会の山下安正さんは「私も以前このテストを受け、飯島先生の講演も聞きました。それでぜひ会員にもと企画し、呼びかけました」と話します。この日の参加は、全会員の四分の一ほどになったそうです。全体的な傾向としては女性の参加が七〜八割を占めますが、この日は男性が四割を超えていたのも目を引きました。

会場は、ふだん利用している近隣センターなどに比べるとこぢんまりとしているものの、それでも四〇〜五〇人規模の会議ができそうな広さです。参加者がそこの三列のテーブルに着席し、プログラムがスタートしました。

「ようこそいらっしゃいました。今日はみなさまの体内貯筋《ちょきん》力を計らせていただきます」

前に立ってまずプログラムの概要説明を始めたのは、市民サポーターの伊藤玲子さん。市民サポーターは、柏スタディーの際に計測補助員として関わった人たちを中心に、現在は二〇人ほどがボランティアで携わっています。医療や福祉の専門家は原則として参加せず、「市民サポーター主導型」の名称通り、最初から最後まで市民サポーターが運営するのがこのプログラムの特徴です。

市民サポーターは市内各所で実施されるサロンに交代で参加するほか、同じような取り組みを始めた神奈川県茅ヶ崎市や小田原市にも応援に出向いてきました。この日は九人の市民サポーターが参加していました。

伊藤さんは六〇代後半。柏スタディーに関わるまではずっと専業主婦で「趣味に明け暮れて」いたそうですが、いまは「ボランティアにはまっている」と話します。

「飯島先生の計画、すごく壮大だと思います。これからの高齢化にタイムリーで、私は個人的にものすごく感動して、何かお手伝いできたらすごくうれしいという思いで、いままできました。サポーターの仲間もすごくいい人ばかりで、私はいまが自分の青春だと思っています」

と話す伊藤さんの目は、キラキラと輝いて見えました。

伊藤さんに続いてマイクを握ったのは中村禎宏さん。この市民サポーターのリーダーです。測定結果を飯島教授らの研究に利用することについての同意を求める説明を始めました。

中村さんは七〇歳。六三歳まで会社に勤め、営業職もしていたというだけあって口調も滑らかです。退職後、ウオーキングクラブで指導員資格を取得したり千葉県の生涯大学校に通うなどアクティブに活動するなかで柏スタディーに

市民サポーター
伊藤玲子さん（右）
リーダーの
中村禎宏さん（左）

出合い、サポーターを続けています。

「強制的に何かしろと言われても絶対に続きません。大事なのは、自分で自分を採点して、自分でどう気づくかということです。このプログラムは、気づくためのツールとして簡単でややすく、専門家の先生が入らなくてもある程度のことができるので、全国に広げやすいと思います」

この中村さんと伊藤さんの二人が交互にマイクを握る形で、プログラムは進んでいきました。

一五分近くで冒頭のオリエンテーションが終わると、さっそく健康チェックがスタート。最初に「指輪っかテスト」が始まりました。

「利き足ではないほうの足、ご自分でボールを蹴らないほうの足です。椅子を下げて、かかとはつけて、ズボンを上げて、靴下は下げて、素足のふくらはぎの一番太いところを、親指と人差し指で輪っかをつくって囲みます。中指じゃないですよ、人差し指です。ぎゅーっとしなくて、軽くでいいですよ……」

伊藤さんが、ていねいに誘導します。会場は急ににぎやかになりました。何人かのグループごとに市民サポーターがついて、それぞれサポートしています。

各テストの結果は、チェックシートに赤か青のシールを貼っていきます。「指輪っかテスト」は、筋肉量が減るサルコペニアの可能性を探るもの。指の輪っかとふくらはぎの間に隙間があるとサルコペニアのリスクが高いことが、柏スタディーで明らかになっています。よって、隙間ができれば赤シール、ちょうど囲めたり囲めなかった場合が青シールです。

続いて「イレブン・チェック」と呼ばれる一一項目の質問です。これもサルコペニアの可能性を調べるもの。

「健康に気をつけた食事を心がけていますか」

「ほぼ同年代の同性と比較して歩く速度が速いと思いますか」

「一日に一回以上は、誰かと一緒に食事をしますか」

など、伊藤さんが質問を一つずつ読み上げていきます。そのたびに「はい」などと声があがったり笑いが出たりと和やかで、それぞれ答えに応じてシールを貼っていきます。

次は噛む力のチェックです。

「もみあげの下のところに、人差し指から小指までつけて、奥歯をぐっと噛みしめてください。ここにできる力こぶ、これが噛む力になります。これがハッキリ出る方は青シールです」

伊藤さんの説明で、参加者はそれぞれ顔に手を当てて力こぶを確認しています。参加者同士でやり方を教え合う姿も見られました。

これらも一五分ほどで終わり、ここまでで机を囲んでの

チェックはひと段落。続いて「深掘りチェック」と呼ばれる、運動などに関する測定に移りました。参加者はそれぞれ、チェックシートを持って測定コーナーをめぐります。座ってばかりでなく、気分を変える効果もあるひとときです。

立ち上がりテストは、足腰の筋肉やバランスのチェックです。椅子に腰掛け、両手を胸にあてて、片足を浮かした状態で立ち上がり、三秒静止します。ふらついたりしながらもなんとか立ち上がり、市民サポーターから「大丈夫ですよ」などと声がかかります。

隣の握力測定のコーナーからは「あ、すごい！　今日で一番です」などの声が聞こえます。その隣では、ふくらはぎの周囲長をメジャーで測定しています。会場の一番奥では、体重計のような機器を使って手足の筋肉量の測定が行われています。

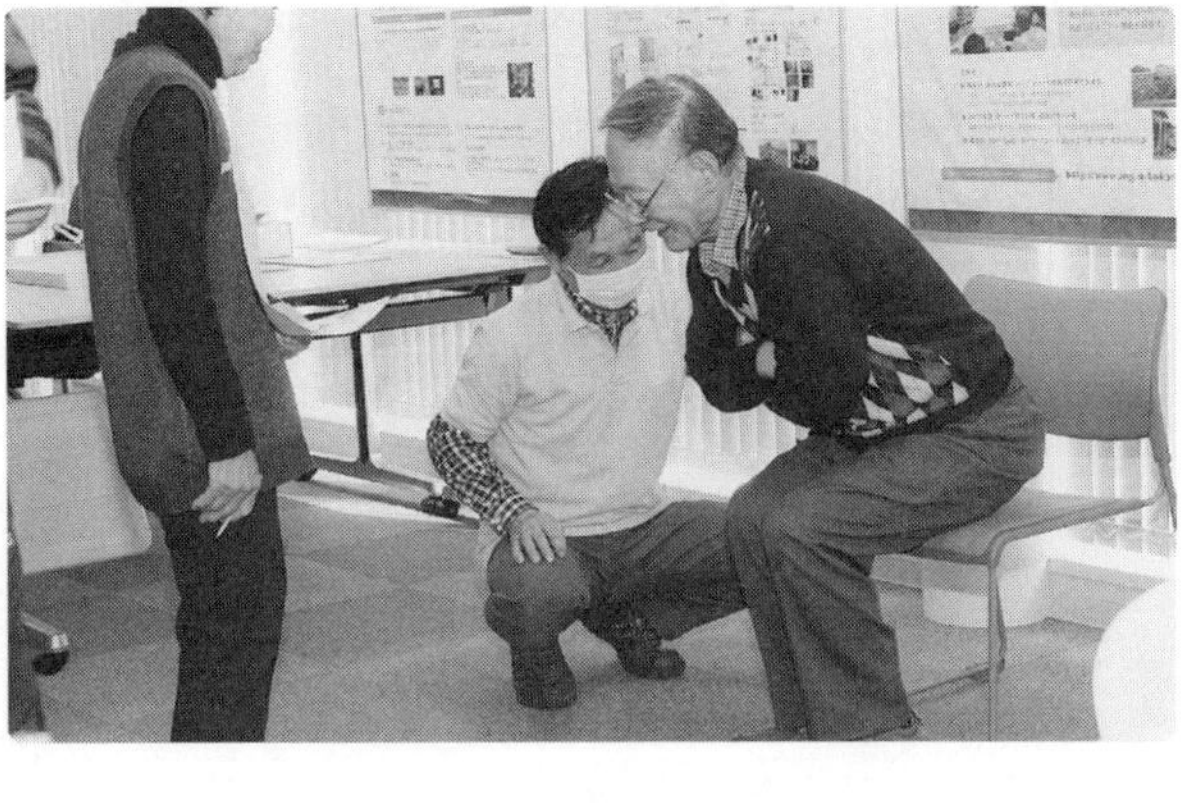

さらに別の部屋で、「パタカテスト」と呼ばれる滑舌のチェックをしていました。これは計測器に向かって「パパパパパ……」「タタタタタ……」「カカカカカ……」と発声するもの（他に「ラ」もあり）。五秒間で三〇回以上言えれば青シールです。「タ」は食べものを押しつぶし、「カ」は

それを喉の奥に送り込む、いずれも唇や舌の筋肉の動きにつながっている発音です。

ふくらはぎ測定を担当していた布施紘代さんは、この日のサポーターの最年長で、七〇代半ばです。専業主婦で「普通のおばさんだった」と話す布施さんは、頼まれて地域の健康づくり推進員になったことから社会福祉協議会などの地域活動にも関わり始め、柏スタディーに出合ったそうです。

「いままでどこでも教えていただけなかった計測だったんです。〝これってすごいな。もっと早く知りたかった。地域の人が全員受けるようになったらいいのに〟と思ったのがきっかけで、だんだんはまっていきました。参加者のアンケートにも『自分の位置がわかった』『こんな検査は初めてでうれしかった』などの声が多く、共感してくださっているのがわかります」

布施さんは、最年長とは思えない若々しい笑顔で話します。

手足の筋肉量の測定を担当していた内藤孝紀さんは六八

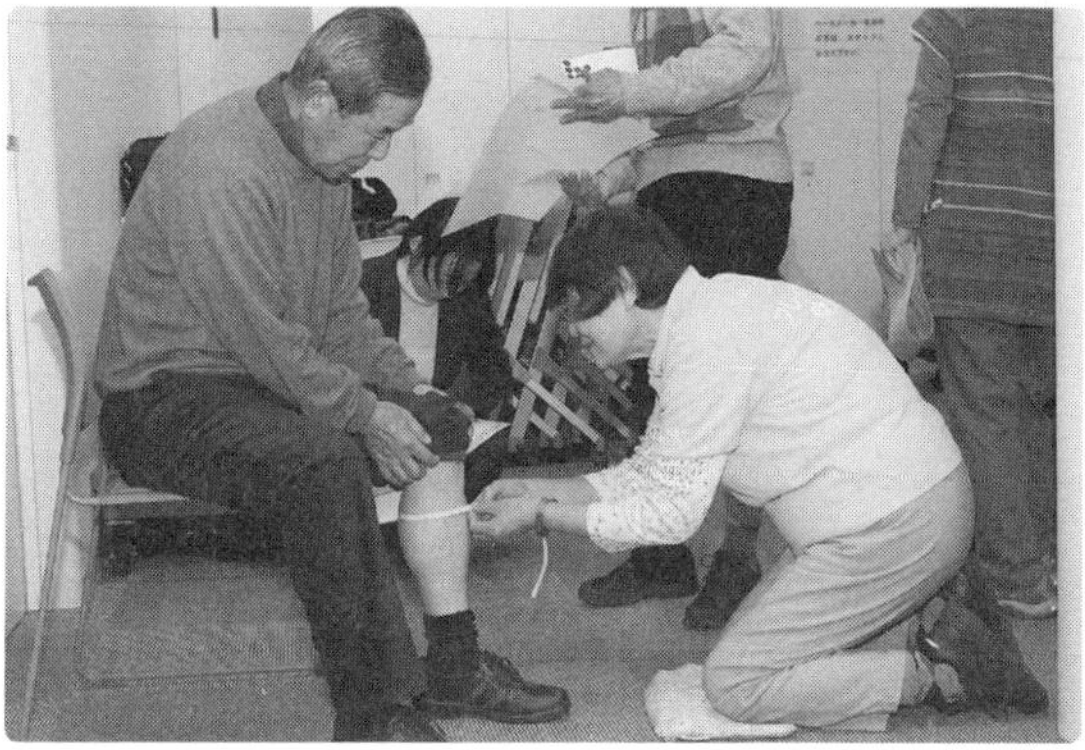

ふくらはぎ測定をする
布施紘代さん

歳。六四歳まで働いていたそうです。健康長寿の支援や同世代の人たちと交流したいと思って市民サポーターに参加。「フレイルチェックに関わるようになって、栄養、運動、社会参加を意識して生活するようになりました。少しでも地域貢献の役に立ちたいと思います」と話していました。

同じく手足の筋肉量の測定を担当していた國分春雄さんは、市民サポーターのなかでは若手の六五歳。会社を退職してから「ヒマを持て余していた」といいます。それで、やれることがあればやろうと、社会福祉協議会や児童相談所などそれまで知らなかった世界に「手当たりしだいに」飛び込んでいったそうです。柏スタディーもそうした流れで参加。「やっていて楽しいし、時間もあるから、活躍できる場があればやっていきたい」と話します。

「大規模調査のとき、高齢者の方には苦労して会場まで足を運んでいただきました。一見しただけではメリットがあるかどうかよくわからない調査にわざわざつき合っていただくのだから、その人たちに気分よく帰っていただきたいということで、ていねいに接するよう、飯島先生からも口を酸っぱくして言われていました。その考え方でずっと取り組んでいます」

その言葉の通り、どのコーナーでも温かくてポジティブな声がかけられていました。

これらの測定は三〇分ほど。全員の測定が終わるまで、早く終わった人たちはしばらく雑談に興じています。全員がそろったところで後半の、再び机を囲んでのチェックになりました。口の元気度、社会性・こころのチェックとして人とのつながりや社会参加、こころの元気度について、それぞれ質問形式で進みます。中村さんが質問を一つずつ読み上げていきました。

「口の中の調子が悪いせいで、食べ物の種類や食べる量を控えることがありましたか」

「口の中の調子のせいで、人との関わりを控えることがありましたか」

口の元気度については、これらの質問が淡々と進みました。それぞれ「いつもそうだった」から「全くなかった」まで五段階の回答から選んで点数化します。

「少なくとも月に一回以上、顔を合わせる機会や消息を取り合う友人は何人ぐらいいますか。……向こうがどう思っているかは別として、自分が友人と思っている人ですよ」

人とのつながりに関する質問はこのように、人数を聞くもの。人数に応じてこれも五段階で点数化します。中村さんの説明にどっと笑いが起こったり、うーんと考え込んだり、指折り数える姿も見られます。

続いて社会参加の質問で老人クラブなどの組織活動への参加の有無を尋ねたあと、最後のこころの元気度チェックに移りました。

「毎日の生活に満足していますか」

「多くの場合は自分が幸福だと思いますか」

「何よりもまず、物忘れが気になりますか」

「周りの人があなたより幸せそうに見えますか」

などいずれも「はい」「いいえ」の二択の質問ですが、これまで以上に「はい」や「いいえ」などの声がよく聞こえてきます。そのたびに共感の笑いも起きて、ひときわ賑やかになりました。

「これはこころの問題ですから、赤・青シールはつけません。ただ、点数が高い方は少しこころが疲れているかなというくらいにお考えください」

これですべての健康チェックが終了です。

続いて中村さんはフィードバックとして、一連のチェック内容の解説に移りました。「指輪っかテスト」や「パタカテスト」などの意味を説明しながら、いずれも簡単なテストなので「家でもときどきやってみてください」とすすめます。「でも『パタカ』は突然やらないでくださいね。家族に『やっぱり……』と思われますから」と笑いも誘っていました。

滑舌をよくする方法の一つとして早口言葉をすすめた際、前に出て披露した市民サポーターが増谷幸子さんでした。「坊主が上手に屛風に坊主の絵を描いた」を淀みなく三回くり返して拍手を浴びていました。

増谷さんも六〇代後半です。ずっと専業主婦で「あまり外に出ないで、本を読んだりして家にこもっているのが全然平気だった」そうです。子どもが大きくなってから、ボランティアをしたり千葉県生涯大学校に通い、いまはシルバー大学院で刺激を受けていると話します。そうしたなかで増谷さんも柏スタディーに出合ったそうです。

「サポート活動で参加するたびに筋力や社会性などの話を聞きます。すると私自身も『そうだ、筋肉つけなきゃ』と思います。私は運動の下地がありませんでしたが、ウオーキングだけじゃなくスクワットも大事と聞けば、家に帰ってそれもやるようになりました。だから、この取り組みが全国に展開されることで、以前の私のように家にこもっている人たちも、少しでも目覚めればいいなと思います」

さらに中村さんは運動、社会性について、日常的に気をつける点や簡単なトレーニング方法をアドバイスしながら、最後に次のように締めくくりました。

「できれば半年後、あるいは一年後にまたチェックを受けていただいて、今日の青を維持し、赤は青にしていっていただければと思います」

それに応えるように、山下会長は帰り際「来年もまた参加したいと思います」と話していました。

この日は比較的順調で、おおむね一時間半ですべてが終了しました。八〇代、九〇代と年齢層が高くなっていくと、どうしても時間がかかって二時間でも終わらないこともあるといいます。それでも中村さんは次のように話します。

「ご高齢の方が来られること自体がまず、すごいと思います。そこから出発することが大事です。ですから、どう盛り上げて、気持ちよく帰っていただけるか、ですね」

「時間がかかっても、それはそれですごく楽しいですね。参加者に応じて臨機応変にやっています」

と伊藤さん。「楽しい」というのは、市民サポーターに共通する思いのようです。

この取り組みを紹介した「朝日新聞」は次のように指摘しています。

「高齢者がサポーターという指導役を務めることで、自身の社会参加となる。測定会に来た人は、健康への関心が高まる。双方にメリットがある方法で、地域で暮らしながら少しでも長く健康を保てるようにする試みだ」(二〇一五年四月七日付)

近い将来、この「市民サポーター主導型健康増進プログラム(すなわち、市民のための、市民の手によるフレイル・チェック)」が全国のあちこちで取り組まれることになるよう頑張りたいと、東京大学・飯島教授は熱く語っています。

1 高齢者のフレイル論
上手に老いるには

飯島勝矢（東京大学 高齢社会総合研究機構教授）

なぜ老いる？　ならば上手に老いるには

わが国では世界に例のない少子高齢化が進んでいます。その高齢化に伴う諸問題の一つとして、要介護状態にある高齢者の数がどんどん増加しており、介護および介護予防サービスに要する費用はなんと八兆円を超えているという報告もあります。こうした急激な人口構成の変化に対応し、医療・介護・社会保障・居住環境・社会的インフラ・就業形態をはじめとした社会システムを組み替える必要性が高まり、喫緊の課題として目前に迫っています。そして、高齢者の健康寿命を延伸し、経済活動・地域活動への参加を促すことによって、高齢者自身も「社会の支え手」とする新しい社会システムを追い求める必要があります。

健康寿命の延伸を体現する快活なまちづくりをどうすれば実現できるのでしょうか。これは、超高齢社会を迎えたわが国のみならず、高齢化の進む世界中の国々に共通した地球規模の課題です。老化現象は身体内で起こる進行性の現象であり、誰にでも起こり、しかも避けられません。しかし、老化は誰にでも同様のレベルで画一的に生じるものではありません。まさに個人差が非常に大きいのです。ここで、まずは「なぜ老いる？　ならば上手に老いるには」ということを考えてみましょう。

私たちはどのようにして弱っていってしまうのか。そんなふとした疑問を抱いた方も少なくないでしょう。図1-1に示すように、日本人高齢者（約六〇〇〇名）の二〇年にわたるパネル調査から、高齢者の自立度（Activity of Daily Living: ADL）の低下における多様なパターンがわかります。自立度を完全自立、高次脳機能を使うような手段的ＡＤＬの低下、基本的ＡＤＬの低下、死亡という尺度で大きく分け、その自立度の変化パターンを見たものです。

男性（左図）における一九％、女性（右図）における一二％強が、六〇歳以降に急速に自立度が低下し、重い

図1-1 機能的健康度（自立度）の追跡調査

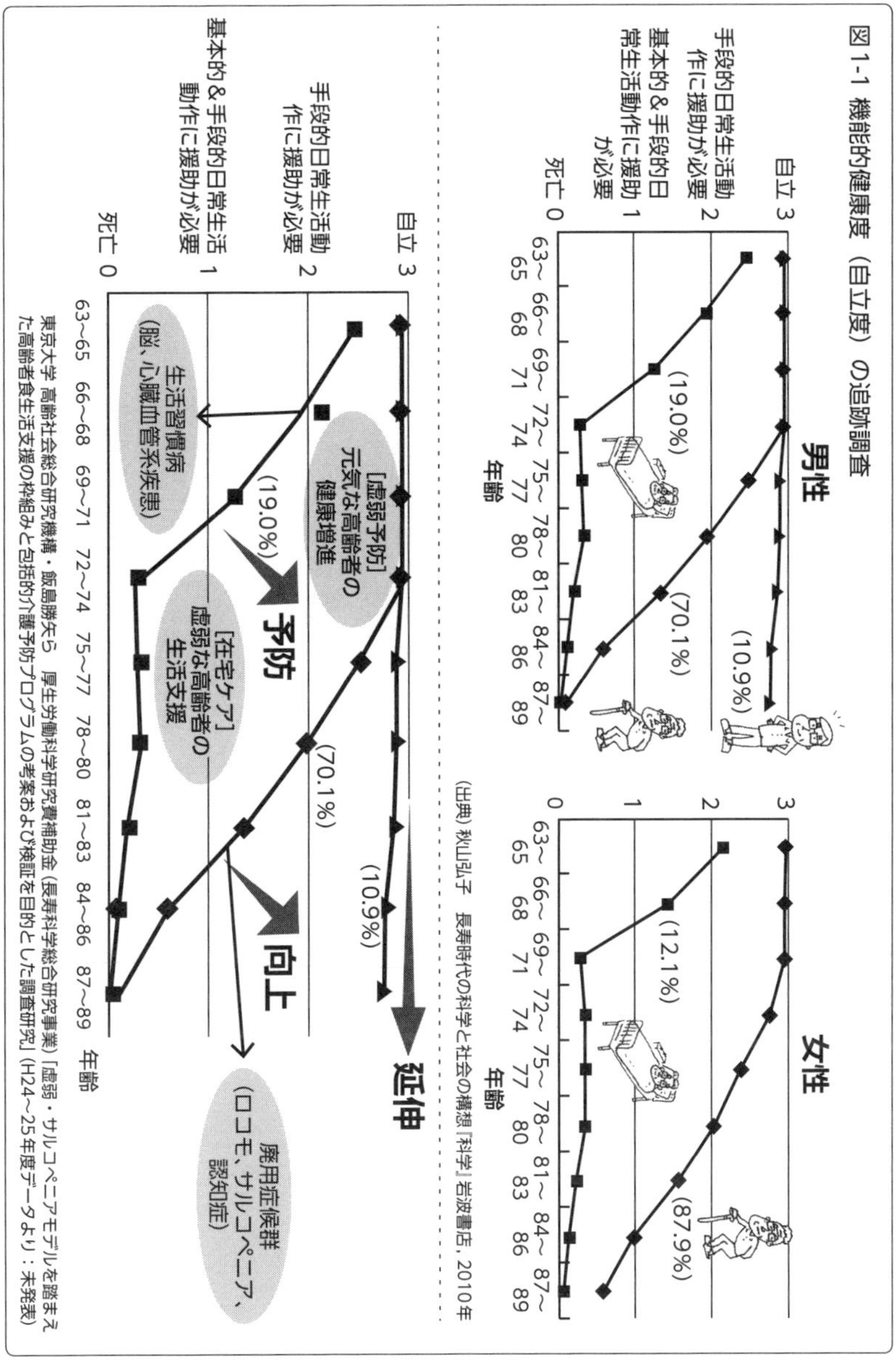

(出典) 秋山弘子　長寿時代の科学と社会の構想『科学』岩波書店, 2010年

東京大学 高齢社会総合研究機構・飯島勝矢ら　厚生労働科学研究費補助金（長寿科学総合研究事業）「虚弱・サルコペニアモデルを踏まえた高齢者食生活支援の枠組みと包括的介護予防プログラムの考案および検証を目的とした調査研究」（H24～25年度データより：未発表）

要介護の状態になっています。この集団には、進行の早いがんなどの悪性新生物なども含まれますが、メタボリック症候群（以下、メタボ）を背景とした脳心血管疾患の発症が関係している可能性が高いと思われます。このような背景を伴う摂食嚥下機能の低下は急速な低栄養を招くことが多いのです。

一方、男性の七〇％、女性の約八八％が、七五歳頃を境に徐々に自立度が低下しています。これらはいわゆる虚弱化と言われており、廃用症候群（生活不活発を含む）領域としてロコモティブ・シンドローム（以下、ロコモ）やサルコペニア（詳細は34ページ）、認知症などで、個々に自立度が低下していく可能性を多く含んでいるのでしょう。虚弱により転倒、入院、施設入居、死亡などの有害な転帰をたどる可能性が高くなり、最終的な生活機能低下に向けて負の連鎖（スパイラル）に入りやすいのです。

図1-1下に示すように、男性の約二割、女性の約一割強に対しては、在宅ケアを視野に虚弱な高齢者の生活支援をしながら、中長期ビジョンとしては「疾患発症予防」に注力する必要があります。一方で、男性の約七割、女性の約九割弱に対しては、虚弱予防対策として元気高齢者をめざしての健康増進活動を底上げする必要があり、大きな目標としては「機能向上」が中心となります。

↓フレイルとは

❶「フレイル」は、国民に向けての強い戦略的メッセージ

人は加齢が進むにしたがって徐々に心身の機能（あえて生理的な予備能力とも言えます）が低下し、日常生活活動や自立度の低下を経て、要介護の状態に陥っていきます。この心身機能の（平均値を超えた）著明

な低下を示すことを一般に「虚弱」と呼んでいます。これは要介護の原因として非常に重要であり、複数の要因によって要介護状態に至る病態と考えられています。

この「虚弱」という言葉、みなさんはどのようなイメージをおもちでしょうか？　昔から使われている言葉ですが、改めて問われてみると、何か気持ちが沈んでしまうような言葉に聞こえますよね。Frailtyの日本語訳については、これまで「虚弱」が使われていましたが、他にも「老衰」、「衰弱」、「脆弱」といった訳になっていました。よって、虚弱を代表とするこれらの日本語は〝加齢に伴って不可逆的に老い衰えた状態〟といった印象を与えてしまい、この言葉自体に非常にネガティブなイメージが強くあります。そこで私たち日本老年医学会は、全国民への予防意識を高めるため二〇一四（平成二六）年、虚弱の英語表現「frailty」からとって「フレイル」と呼ぶことを提唱し、フレイルに関するステートメントを発表しました。

二〇二五年問題がよく言われるなか、今後、人口増加が見込まれる後期高齢者（七五歳以上）は多くの場合、〝Frailty（虚弱）〟という中間的な段階を経て、徐々に要介護状態に陥るのではないかと言われています。このフレイル（Frailty）とは、高齢期に生理的予備能力が低下することでストレスに対して脆弱となり、生活機能障害や要介護状態などの転帰に陥りやすい状態です。さらに、筋力の低下（後ほど詳細を概説）により動作の俊敏性が失われて転倒しやすくなるような身体的問題のみならず、認知機能障害やうつなどの精神・心理的問題、独居や経済的困窮などの社会的問題を含む幅広い概念です。また、このフレイルは、要介護の手前の状態であり、がんばることにより可逆性をもって少しでも戻すことができる状態と位置づけられています。

このように「しかるべき介入により再び健常な状態に戻る」という意味が含まれていますが、このフレイルの概念や考え方は多くの医療・介護専門職、ひいては各自治体行政職員に、まだ十分に認識されていないのが現状です。よって、実のある介護予防事業を展開していくにあたり、このフレイルの概念を医療専門職のみならず、広く国民にも周知することにより、これまで以上に介護予防が進み、要介護高齢者の数を減少させることが期待できます。

わが国の超高齢化に伴い、要介護認定者数が急増しています。要介護となる要因の第一位は脳卒中、第二位は認知症、第三位は衰弱です。要介護者数は七五歳以上から増加し、高齢になればフレイルがその原因の上位になってきます。

多様な高齢者の心身状態のなかで、フレイルの視点を重ね合わせていくと、臨床上のさまざまな悩みが出てきます。具体的には、通常の臨床現場において、高血圧や糖尿病などの生活習慣病や個々の臓器の機能が管理良好になっている高齢患者にもかかわらず、結果的に転倒しやすくなったり、億劫になり出かけなくなったり、徐々に元気がなくなってくる症例は決して少なくありません。

❷フレイルは多面的

フレイルは現在、世界的に見てもまだ確固たるコンセンサスはありません。フレイル（虚弱）という言葉の印象を一般の方々に聞くと、「腰が曲がり、杖をつき始め、駅の階段で手すりを使いながら昇っている高齢者のこと」というニュアンスで答える方々が大半です。すなわち、手足や体についている骨格筋や骨・関節などの衰えを中心とした「身体の虚弱（physical frailty：フィジカル・フレイル）」だけで考えられがちです。しかし、それだけではなく、図1-2に示すように、精神心理的要因を背景とする「こころ・心理の虚弱（mental frailty：メンタル・フレイル）」および社会的要因を含む多次元の「社会性の虚弱（social frailty：ソーシャル・

フレイル）」が存在します。

今後の超高齢化を見据えると、いつまでも心身ともに健全で自立し続けられるようにという前向きな視点を、国民全体が改めて意識することが必要です。少なくともこれらすべて（三つの視点からの虚弱）において、バランスのとれた評価や指導、積極的介入が強く求められます。

しかし、この三つの要因はどのように関わっているのでしょう。そして、どのような具体策を打っていけばよいのでしょう。多くの国民のみなさんに、どのようにそれを理解していただくことができるのでしょう。そこにはしっかりとした学術研究にもとづく科学的知見（エビデンス）と国民運動論化をめざす仕掛けが必要になってくるのだろうと思います。

❸フレイルの最大なる要因「サルコペニア」

高齢者になると、栄養低下（タンパク質不足、ビタミンD低下）、ホルモン変化（テストステロン、エストロゲン、IGF-1など）、代謝性変化（インスリン抵抗性）、炎症性変化などが併存し、骨格筋の筋線維の減少と萎縮が起こります。そ

図1-2「フレイル（虚弱）」と言っても様々：〜ヒトはどの側面が弱っていくのか〜

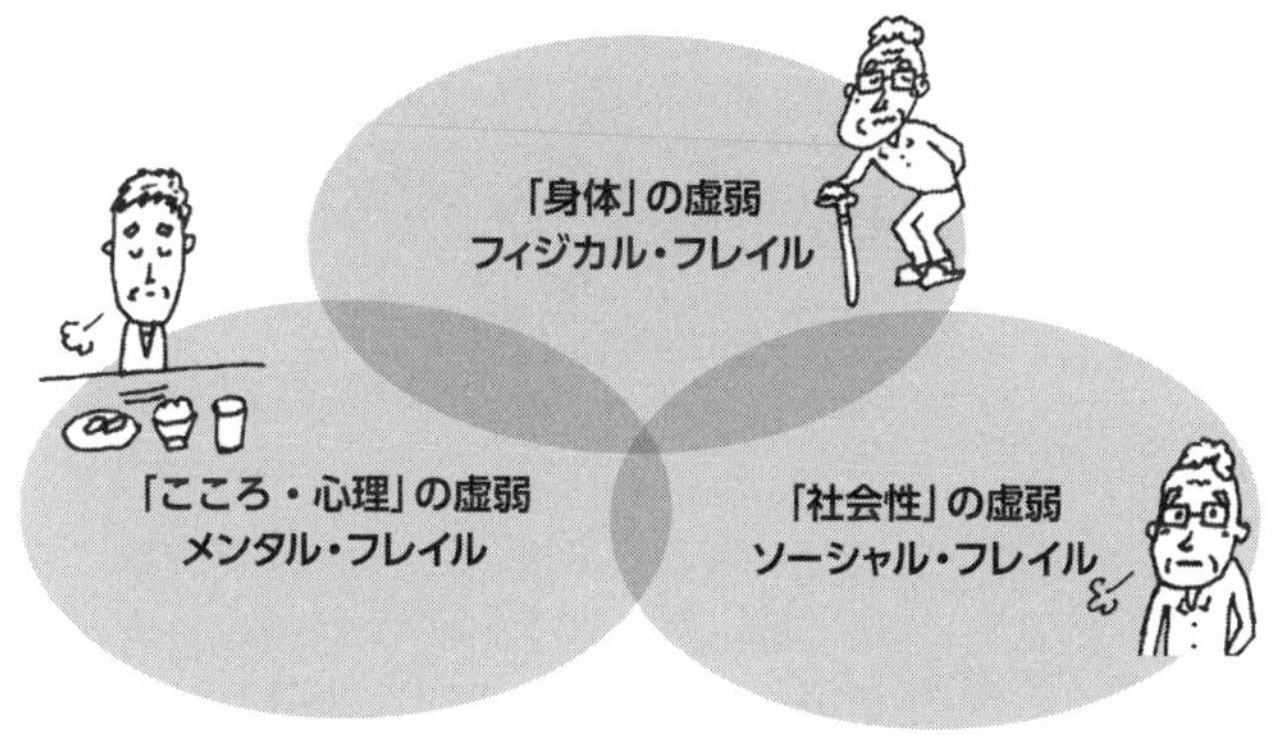

（東京大学高齢社会総合研究機構・飯島勝矢：作図）

こに身体活動の低下も加わり、骨格筋の「加齢性筋肉減弱症（サルコペニア）」が引き起こされます。すなわち、筋肉量と筋力の両面を失うこととなり、これらは負の連鎖を起こします。

とはいえ、サルコペニアに関して、そのメカニズムを解明するための基礎研究はかなり進んできていますが、一方で、高齢者の生活の場（コミュニティー）における、より早期からのフレイル予防研究はまだ不十分です。

この「サルコペニア」という医学用語は、「Sarco（muscle：筋肉）」＋「Penia（lack of：減少）」の造語です（図1-3）。これはすでに診断基準が決まっており、①四肢（手足）の筋肉量、②筋力（握力で評価）、③身体能力（いわゆるパフォーマンス、通常の歩行速度で評価）、これら三つの要素で評価されます。

❹高齢期における「BMIパラドックス」

ＢＭＩ（Body mass index）はすでに多くの国民が知っています。肥満傾向かどうかを簡単にチェックする体格の指標です。このＢＭＩは高ければ高いほど肥満傾向が強いわけですが、そのような方々には、脳心血管病の発症が明らかに増えることが、

図1-3「サルコペニア（筋肉減少症）」とは

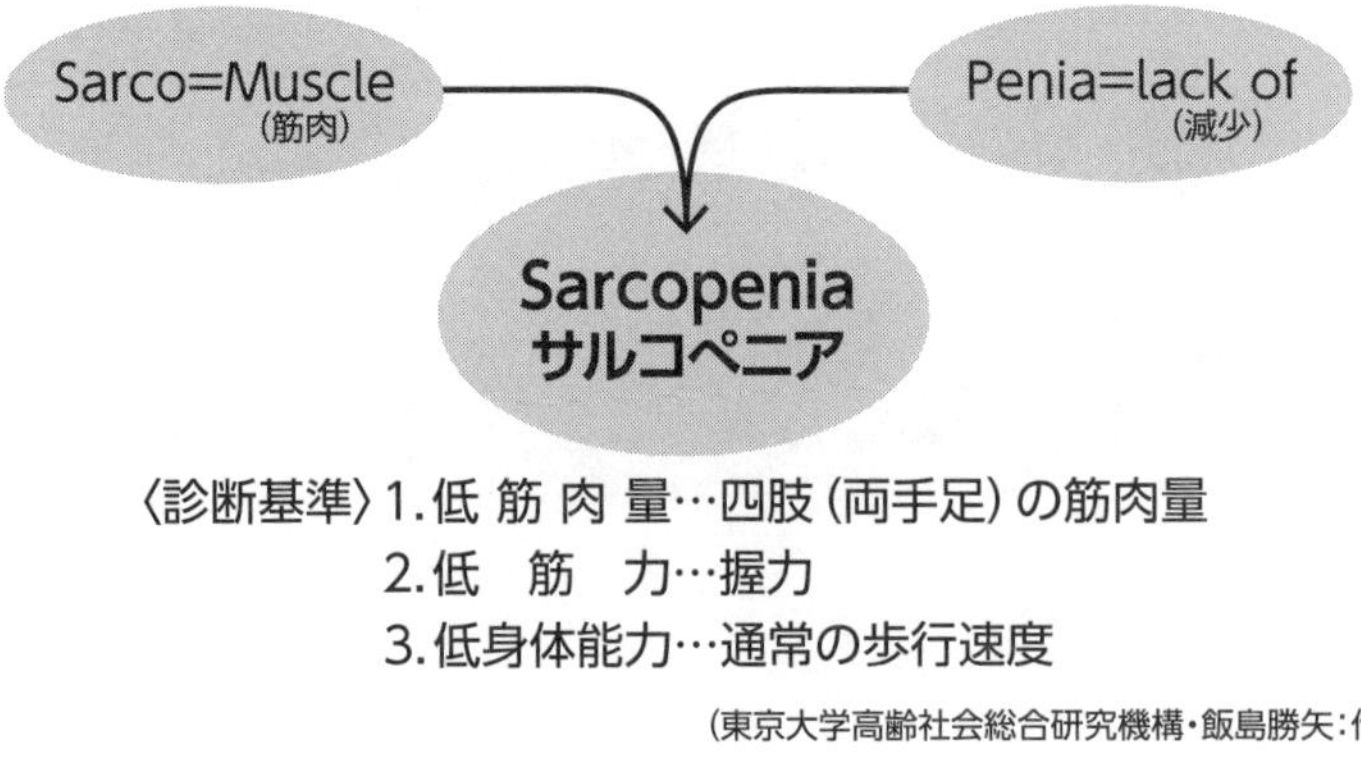

（東京大学高齢社会総合研究機構・飯島勝矢：作図）

多くの医学的知見（エビデンス）で裏付けられています。しかし、それらの数多くの医学的エビデンスは、比較的中年層を中心に積み上げられてきた事実があります。では、高齢期に入った方々を対象としてみると、いったいどうなのでしょうか。

図1-4上に示すものは、六五〜七九歳の日本人高齢者約二万七〇〇〇人弱を対象に、体格の指標BMIと一一年間の追跡による死亡率を調査したものです。一般的にBMIは22前後がちょうどよい（中肉中背）と言われており、それらを基準とすると、グラフの右側（すなわち太り気味の傾向）の方々は死亡率があまり上が

図1-4 BMIパラドックス

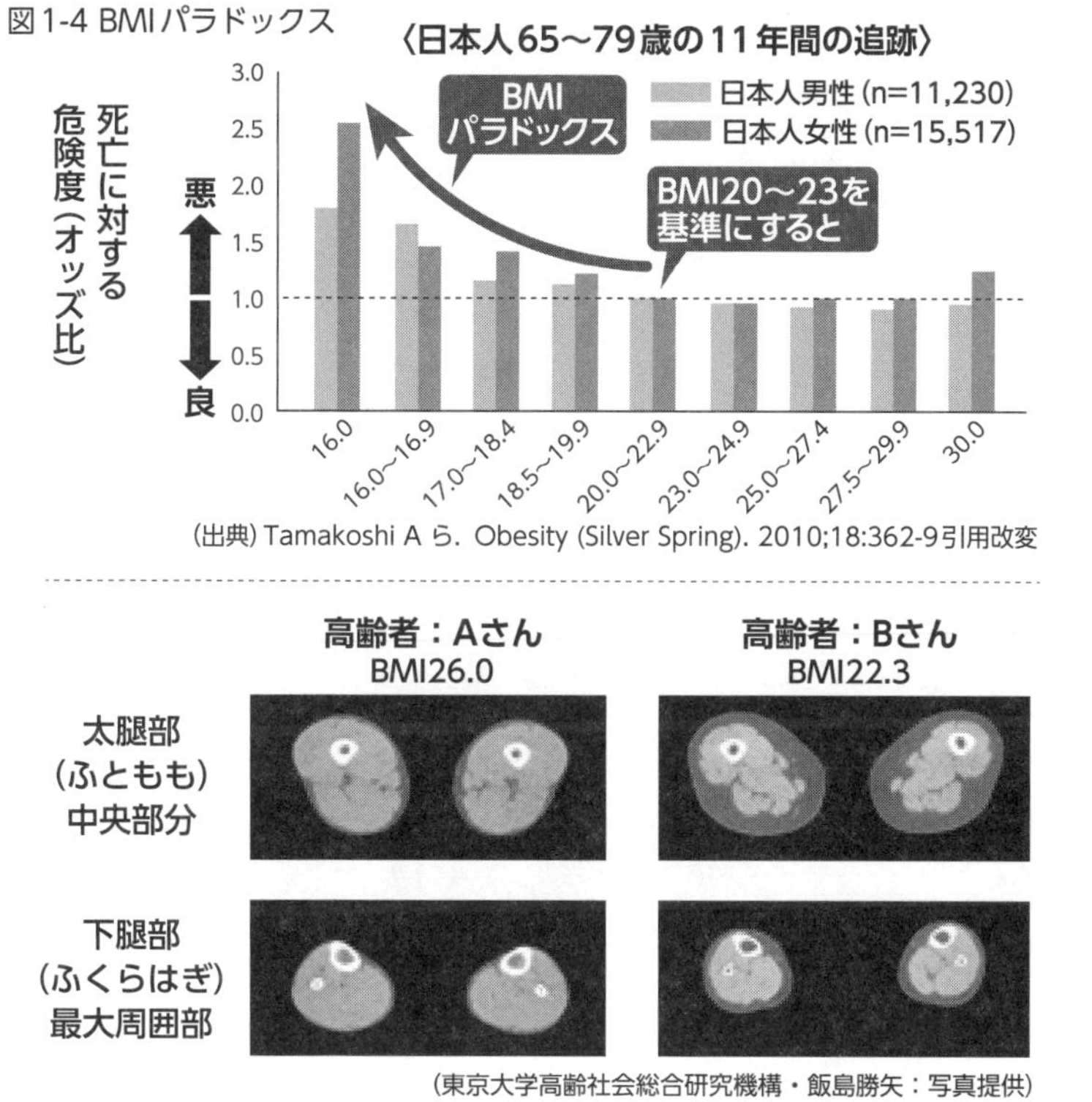

（出典）Tamakoshi A ら．Obesity (Silver Spring). 2010;18:362-9引用改変

（東京大学高齢社会総合研究機構・飯島勝矢：写真提供）

らず、逆にグラフの左側（すなわち痩せている傾向）の方々のほうで、死亡率が上がってしまっています。

これまでBMIは、高い数値ほどリスクが高いと言われていましたが、高齢期ではまったく逆転しています。従来のBMIの捉え方とは逆になっていることから、このような現象を「BMIパラドックス」と表現しています。

さらに図1-4下に示すものは、下肢の二つの部分（①大腿部＝太も も、②下腿部＝ふくらはぎ）に対するCTスキャンの横断面画像です。同じ世代の高齢男性二名（被験者Aさんと被験者Bさん）は、それぞれBMIが26・0と22・3であり、Aさんはやや太り気味、Bさんは中肉中背として位置づけられます。Bさんの方が健康診断などで問題ないと評価され、一方でAさんはメタボ様のコメントももらったことがある方です。CT画像を見ると一目瞭然です。Aさんのほうが下肢の筋肉量がたっぷりあり、逆にBさんは非常に萎縮した筋肉の画像に見えます。

もちろんこれは代表的なデータであり、BMI22前後の方々すべてが、このように筋肉が少なめになってしまっているわけではありません。しかしこのことは、今後フレイル予防を考えていく上で、従来のBMIの数値だけではなく、もう一つ深掘りした指標（目安）が必要になってく

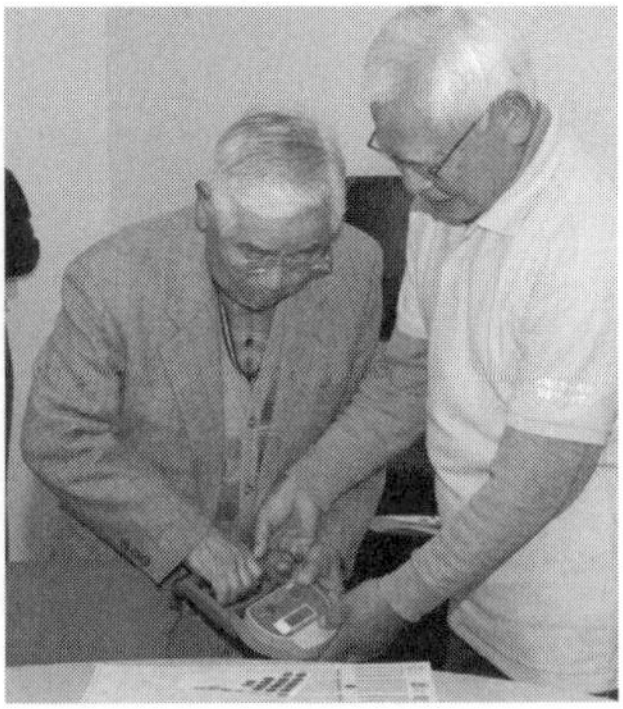

ることを物語っていると思います。

以上、高齢社会のフロントランナーとしてのわが国においても、「フレイル」の意義を全国民に周知することが必要です。また、高齢者の医療、介護に携わるすべての専門職が、食事や運動によるフレイルの一次、二次予防の重要性を認識すべきです。この「フレイル予防」のための活動を介して、全国民の予防意識が高まることにつながり、高齢者自身が快活に生活できるようになり、自立度の向上および要介護が遠ざかることを図れるようになり、最終的には介護に関わる費用の減少が期待できます。

さあ、これからフレイルをもっと勉強しましょう！

↓今まさに求められる「早期予防重視型システム」

以上のような状況を目の前にして、国民はどのような高齢者像を追い求め、日々の生活を送ればよいのでしょうか。また、医療提供側としてどのようなサポートを求められているのでしょうか。ここで今後の医療政策の骨格をイメージできるように、図1-5に示すフレイル・モデルとしてのフロー図のなかで、いっしょに考えてみましょう。

❶健康（剛健）のフェーズ

「健康（剛健）」の状態には、完全に健康体である場合と、一方でさまざまな変化が起こっていても本人は健康であると思って生活している場合など、複数存在します。とはいえ前述したように、メタボを中心とした生活習慣病予防をしっかり行うことも重要です。しっかりとした運動と適正なダイエット（いわゆる腹八分）の両立は間違いではなく、保健指導も徹底的に行いながら国民全体に意識啓発される必要があります。

「メタボ状態は過食（カロリーオーバー）である」との認識は、あながち間違いではありません。しかし、中年層のデータを中心に生まれてきている数多くのエビデンスに対し、高齢期、特に後期高齢期でのメタボおよびそのための体重減少（減量）をどのように考えるのかは、非常に慎重でなければなりません。なぜならば、より高齢期における減量はそのまま筋肉（骨格筋）を失ってしまう可能性が高いからです。それにもかかわらず、多くの

図 1-5 弱っていく「過程の中で何に注意を払えばよいのか

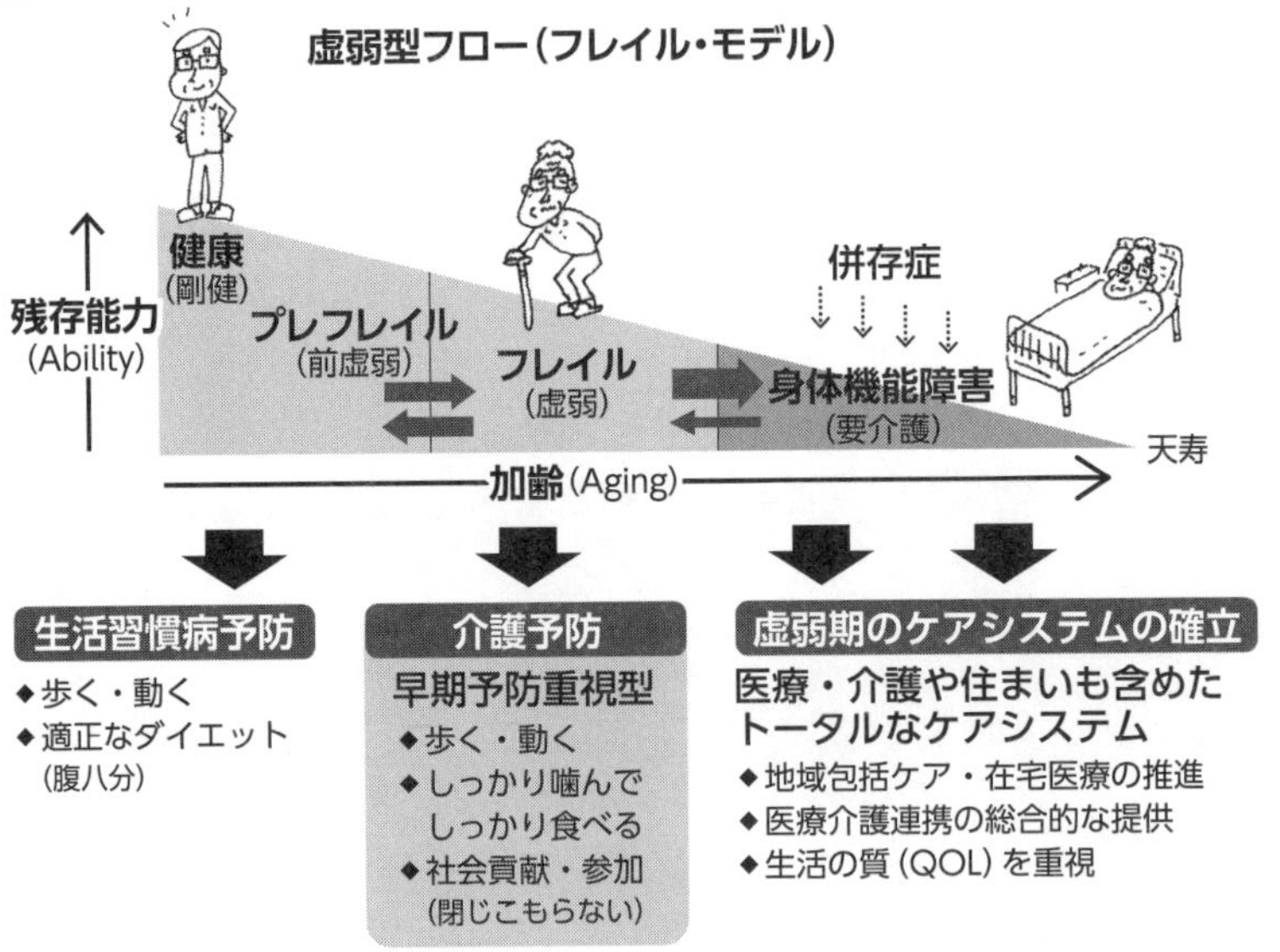

(東京大学高齢社会総合研究機構・飯島勝矢：作図)

高齢期の方には「体重をもう二～三キロは減量しなければならない」と密かに思っている方々が少なくありません。

❷プレフレイル（前虚弱状態）～軽度フレイルのフェーズ

次に「フレイル期」を考えてみましょう。ある日突然フレイル状態になることはほとんどありません。その前にはプレフレイル（pre-frailty：前虚弱状態）が長く存在します。それゆえ、健康増進～介護予防（すなわちフレイル予防）の活動が有効打として効果を生むでしょう。

私たちは、フレイルの早期発見と予防こそが健康寿命の延伸を実現するカギであると考えました。すなわち、「①しっかり歩く（運動する）、②しっかり噛んでしっかり食べる、③しっかり社会性を高く保つ（社会参加・社会貢献・閉じこもらない）」という三本柱（三位一体）による早期予防重視型のシステムを展開していく必要があります。

幅広く高齢者の意識に根差した従来のメタボ概念（いわゆるカロリー制限）から、どの高齢者に、どのように脱却してもらい、この三位一体の考え方に向けて、改めて意識変容～行動変容に結びつけてもらうのかが大きな課題となります。

❸要介護～身体機能障害のフェーズ

「身体機能障害（disability）」の時期には、ケアシステムの確立が求められ、各地域単位で地域包括ケアシステムの構築をめざす流れになっています。そこには在宅医療の推進も求められ、各専門職がチームを組み、そのチーム力の高さが、その地域の底力（＝地域力）に反映していくと思います。そして、国民といっしょに学び合える場をつくり上げていく必要があります。

そのなかで、摂食嚥下障害を併せもつ低栄養の高齢患者に対して、すぐに人工栄養（たとえば中心静脈栄養や胃ろう、経管栄養など）の対応をしてしまう医療現場がまだ少なくありません。医師、歯科医師、栄養士をはじめとする多職種が、患者本人に対して「食べる」ということにどこまでこだわっていたのか、本人にどこまでこだわらせていたのか、その部分をしっかり見つめて原点に立ち返るべきでしょう。

誤嚥性肺炎という病態を一つ例にとっても、歯科医師だけではなく、栄養管理、嚥下リハビリ、呼吸リハビリなど多くの職種が一丸となって、経口摂取ができるようにサポートしていく必要があります。

↓「フレイル・ドミノ」
——機能低下が顕在化する前からの早期介入がカギ

私たちはフレイルの早期発見と予防こそがカギであると考え、地域に根ざした先進的な研究を重ねてきました。これまでフレイルの早期発見については一定の学術的成果を挙げていますが、フレイル予防のあり方については、まだ確立した方法論を示せていないのが現実です。

そこで私たちは、これまで実施した大規模フレイル研究から多くの新知見を盛り込み、地域在住高齢者がより積極的なフレイル予防に取り組むことをめざした「市民主導の包括的フレイル予防プログラム」を開発しました。

また、それを地域で継続的に展開することを通し、健康寿命の延伸を体現する快活なまちづくりのために「介護予防事業統合モデル」を提起しました。これは全自治体の典型となるものです。そして、より有効なフレイル予防のあり方、フレイル予防を地域に根づかせ全国展開する方法論を明らかにしたいと考えました。

❶大規模高齢者フレイル予防研究――「柏スタディー」

私たちは、千葉県柏市をフィールドとする大規模高齢者フレイル予防研究「柏スタディー」(無作為抽出された六五歳以上の自立〜要支援高齢地域住民が対象)を実施しました。これは、多面的なフレイルの視点から評価する形で「高齢者における『食』を改めてどう考えるか」という視点から出発しました。

柏スタディーを立ち上げるにあたり、戦略的かつ学術的アプローチとして多岐にわたる精度の高い評価も必須ですが、同時に、国民自身が早期の「気づき〜自分事化」を得ることができ、意識変容から行動変容へと移り変わるためには、「汎用性の高い市民目線の簡便なスクリーニング指標」を確立することも必須な条件であると考えました。

この点では、図1-6に示すように、これまでの研究や地域活動としても踏み込みの弱かったより川上(上流)の時点、すなわちフレイルの一歩手前であるプレフレイルの段階までに、いかにフレイル予防をするべきなのか、そのためには何が必要なのか、それらを自助・互助・共助の精神のもとに意識する必要があるのかなど、国民自身がより早期のうちに「しっかり気づき、そして自分事化する」というステップが強く求められるのではないかと思います。

そのための簡便なスクリーニング指標を創出することによって、より早期からの介護予防を含む健康増進

（特に一次予防）の手法、医療機関などにおける健診などにも応用され、サルコペニアを基盤とする生活機能障害を、より早期から予防できるのではないかと考えたのです。

すなわち、機能低下が顕在化する前から取り組むことの意義の重要性を再認識するために、新たな国民運動論を起こす必要がある、と考えます。

❷ふくらはぎは口ほどにモノを言う――新考案「指輪っかテスト」

精密機器による測定をしなければ骨格筋の減少・減弱状態を評価することができないのでは、汎用性が乏しくなります。よって、いかに簡便にサルコペニアに対する危険度を評価し得るのかがカギです。

柏スタディーにおける多岐にわたる調査項目のなかで、改めて「下腿周囲長（ふくらはぎの一番太い部分の周囲長）」に注目してみました。下腿における骨格筋量を反映している可能性が高く、専門職がいない条件における簡便な方法を探究した結果、「指輪っかテスト」という新たな自己評価法を見出しました（図1-7）。これは、自分自身の身の丈に応じて、大き

図1-6 機能低下が顕在化する前からの早期介入

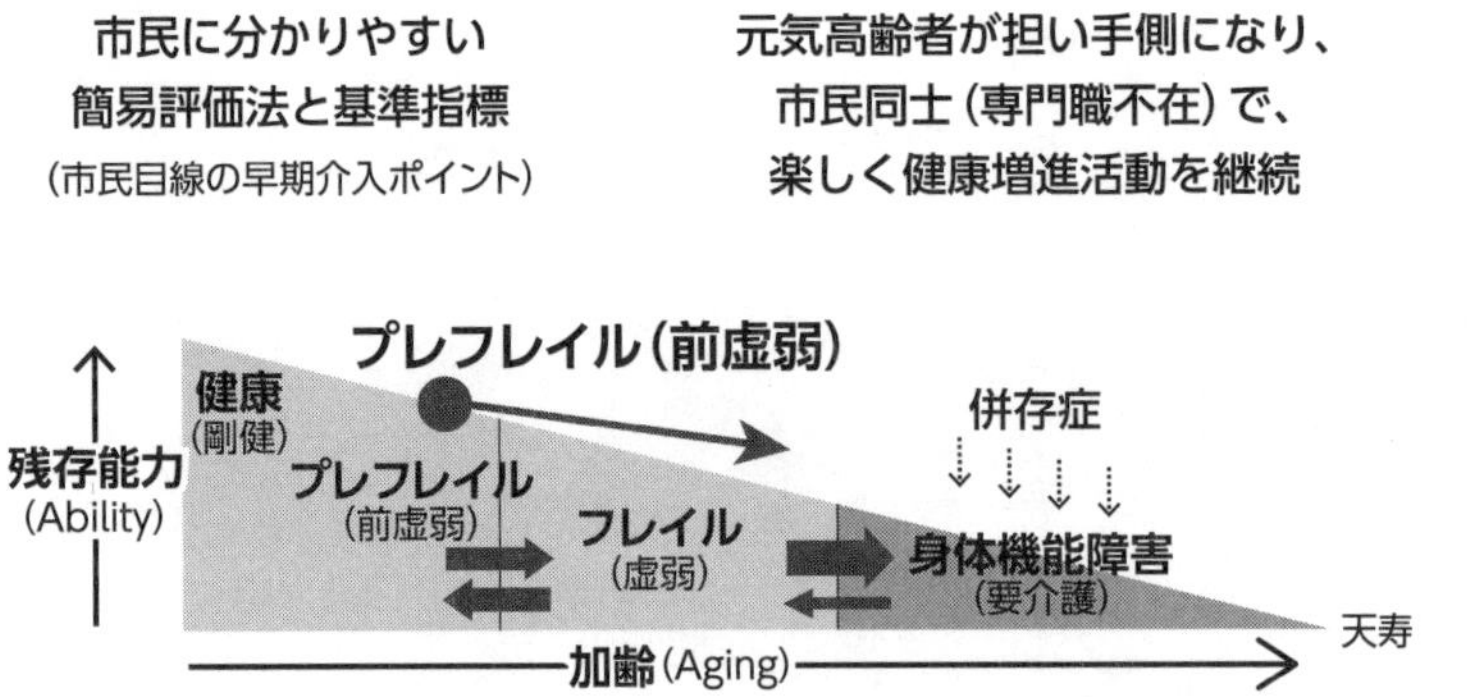

（東京大学高齢社会総合研究機構・飯島勝矢：作図）

さが比例している「指輪っか」のサイズ（すなわち自分自身の〝ものさし〟）を用いて、自分自身のふくらはぎの筋肉のボリューム感を自己評価してみるというものです。

この「指輪っかテスト」を実施すると、ヒトは三つの集団に分かれます。

①人指し指が前で届かなかった「囲めない」集団
②人指し指が前でちょうどくっついた「ちょうど囲める」集団
③人指し指が前で届いたが指とふくらはぎの間に「隙間ができる」集団

この三つの集団を多角的な側面から比較してみると、「囲めない」集団と比べ、「ちょうど囲める」集団、さらには「隙間ができる」集団は、身体能力（握力、歩行速度など）、食事摂取量、睡眠の質、口腔（舌圧・咬合力・巧緻性・口腔に関する自己健康度など）、生活の

図1-7 新考案「指輪っか」テスト：ふくらはぎの自己評価

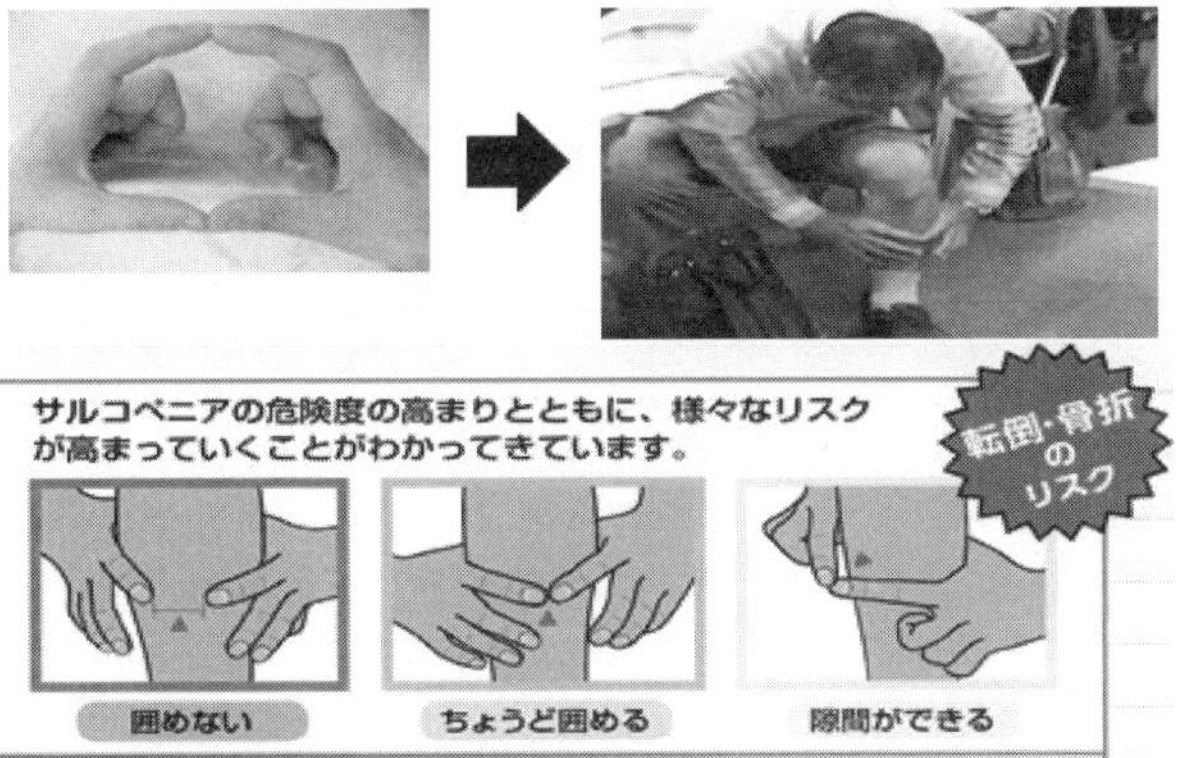

※『指輪っかテスト』は、千葉県柏市で行われた「栄養とからだの健康増進調査」をもとに考案されました。
（東京大学高齢社会総合研究機構・飯島勝矢　提供）

質や生活の広がりが比較的少なく、家族や友人といっしょの食事をする共食の頻度など、多くの項目で劣っていました。また逆に、うつ傾向や転倒歴は増えている傾向でした（ともに傾向検定において年齢調整後に統計学的有意差あり）。

そして、「囲めない」集団と比較すると「隙間がある」集団のなかには、サルコペニアがなんと六・八倍多く存在することも判明しました（現在、論文投稿中）。まさに、「ふくらはぎは口ほどにモノを言う！」ですね。

この「指輪っかテスト」は高齢者自身でも実施可能で、普段のコミュニティーの場で非常に身近な位置づけとして取り入れることができ、高齢者自身のフレイル化に対する早期の気づきを与える大きなきっかけとなると確信しています。そして結果的に、より早期からの介護予防を含む健康増進（特に一次予防）などの「活動の入り口」に位置づけられるのではないかと期待しています。

❸「独居」であることよりも、「孤食」であるほうがリスク大

高齢者における「食べること」の意義を改めて考えると、それはまさに生きがいや楽しみです。そのことは、施設入所（入院）の要介護高齢者の方々でも、楽しみの第一位が食事であることからもわかります。

さらに、食べることに伴う生活行為自体は、家族や周囲の人とのコミュニケーションも大きく関わってきます。

柏スタディーでは、ソーシャル・フレイル（社会性の虚弱）にも注目して解析してみました。すると、少なくとも一日に一回は誰かと食事をする（いわゆる共食）集団よりも、いつも一人で食べる（いわゆる孤食）集団のほうが、うつ傾向が非常に高かったのです。また、同居者がいるにもかかわらず「会話が少ない」こともうつ傾向と強く関連していたことから、一人暮らしかどうかという視点だけでなく、「家庭内における孤立」

や「ソーシャルネットワークの欠如」に注意して、フレイル予防を進めていく必要があります。

なかでも、少なくない「同居家族がいるにもかかわらず、いつも孤食である」という方々は、うつ傾向（約四倍）だけでなく、栄養状態や食品摂取多様性の低下、歩行速度などの身体能力や咀嚼力なども低下している、という結果が出てきました。すなわち、「独居」であることより、むしろ「孤食」であるほうがリスクだったのです。

また、社会性とうつ傾向との関連は、後期高齢者よりも「前期高齢者」に顕著であり、かつ、うつの重度者よりも「軽度」者において強い傾向が見られました。

さらに、柏スタディーのなかである仮説モデル検証を行った結果、組織参加などの「社会参加」は、ソーシャル・サポート・ネットワークや共食などといった「人とのつながり」の構築に結びつき、前者は主に身体活動に、後者は主に孤独感を介して、うつ傾向などの精神状態につながるモデルの適合度が高かったのです。このことより、社会性には複数の側面があり、それぞれが異なる経路で多様な健康アウトカム（特にサルコペニア）に結びつくことが示唆されました。

多面的な社会性と身体機能の関連を見てみるだけでも数多くのことがわかり、非常に興味深いと思います。

❹健康長寿のための三つの柱：「三位一体」

これら柏スタディーの解析結果も踏まえ、健康長寿のためには高齢者の食（食習慣や食環境含む）、ひいては取りまく社会環境や精神状態など、それらすべてを包含しながら評価することが強く求められます。すなわち、「健康長寿のための三つの柱」としては、「栄養（食・口腔機能）」「身体活動（運動など）」「社会参加（就労、余暇活動、ボランティアなど）」の三つ（三位一体）に集約できます。もっと簡単に言えば、「しっかり噛んでしっかり食べ、しっかり動く、そして社会性を高く保つ」ということでしょう（Part2図2-1＝61ページ参照）。

それらを包括的に理解し「すべての要素において、どれ一つたりとも欠けてはならない」ことを改めて認識することが大事です。そして、個々人のなかでバランスよく底上げし、より少しでも早い時期からのサルコペニア予防、フレイル予防につなげていただきたいと思います。また、社会とのつながりも含めて、社会性をしっかり高く保つことができなくなることにより、負の連鎖（いわゆるFrailty cycle〈フレイリティ・サイクル〉が始まるとも言える）が生じる可能性があり、それを「ドミノ倒しにならないように」と国民に啓発していくことが必要です（図1-8）。

これを私は「フレイル・ドミノ」と呼んでいます。

社会性の高さの重要性は国民全員がわかっていますが、当たり前と思いながらも、普段の生活のなかでどれだ

図1-8 フレイル・ドミノ

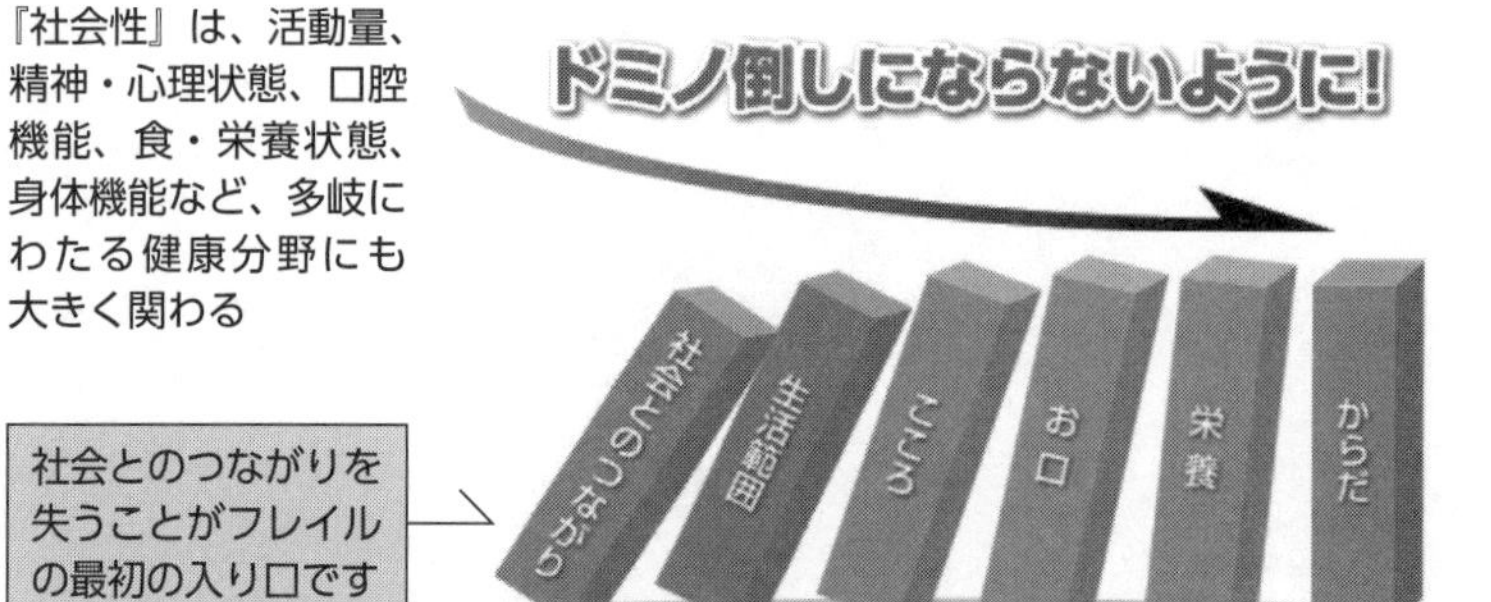
『社会性』は、活動量、精神・心理状態、口腔機能、食・栄養状態、身体機能など、多岐にわたる健康分野にも大きく関わる
ドミノ倒しにならないように!
社会とのつながり
生活範囲
こころ
お口
栄養
からだ
社会とのつながりを失うことがフレイルの最初の入り口です

（東京大学高齢社会総合研究機構・飯島勝矢：作図）
厚生労働科学研究費補助金（長寿科学総合研究事業「虚弱・サルコペニアモデルを踏まえた高齢者食生活支援の枠組みと包括的介護予防プログラムの考察および検証を目的とした調査研究」
（平成26年度調査より：未発表）

け実現できているかどうかは、いささか不明です。高齢者だけではなく、これから高齢期に入っていく人も、そして多世代交流をすべき若者も、みんなが改めて考え直すべきです。地域ごとの特性を活かし、住民に「社会参加という処方箋」をしっかりと示して、それを軸としたフレイル予防運動論を起こしたいと思っています。

↓新概念「オーラルフレイル」——栄養(食・歯科口腔)からみたフレイルの流れ

フレイル・サルコペニアに焦点を合わせた柏スタディーにより、「栄養（食／歯科口腔）」「運動」「社会参加」を包括した、より早期からのフレイルの流れ（フロー）を新たな概念として構築しました（図1-9）。

《第1段階》社会性／心のフレイル期

生活の広がりや人とのつながりの低下（たとえば、孤食、うつ傾向、社会参加の欠如など）が影響してきます。また、自分の健康に対する興味をもっているのか、そして、目の前の健康情報を自分に照らし合わせようとする能力をもっているのかという、いわゆるヘルスリテラシーの欠如（口腔ケア分野も含む）も大きなウエイトを占めることになります。

《第2段階》栄養面のフレイル期

フレイルへのさまざまな要因が軽微なレベルで出現し、その重複も起こってしまう時期です。食の偏りやささいな歯科口腔機能の低下が最たるものでしょう。このささいな歯科口腔機能の低下を「オーラルフレイル」と表現することにしました（図1―10）。

しかし、なかなか気づきにくい側面があり、生活には困っていないが「言われてみれば確かにそうだよね」という部分でしょうか。少しずつ億劫になり始め、外出も含めて社会参加の頻度がさらに低下し、結果的に歩数も減るなど身体活動も低下しやすいのでしょう。これらは日常生活に支障をきたさないことからなかなか気づきにくく、軽視されがちです。

この「オーラルフレイル」に関しては、滑舌が衰える、食べこぼ

図1-9【栄養（食／口腔）からみた虚弱型フロー】（柏スタディーより）
フレイル（虚弱）の主な要因とその重複に対する早期の気づき・自分事化へ

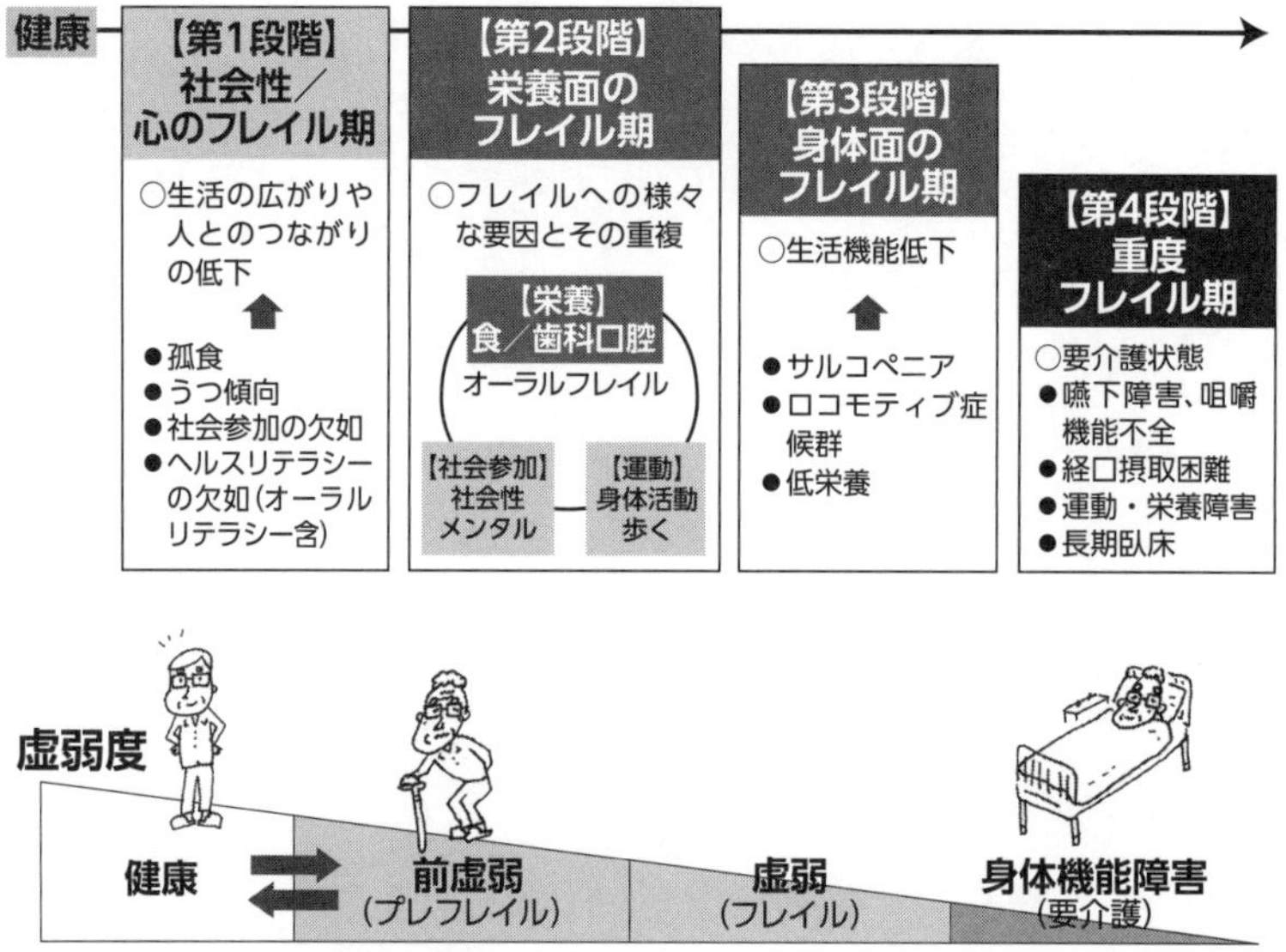

（東京大学高齢社会総合研究機構・飯島勝矢：作図）
厚生労働科学研究費補助金（長寿科学総合研究事業「虚弱・サルコペニアモデルを踏まえた高齢者食生活支援の枠組みと包括的介護予防プログラムの考察および検証を目的とした調査研究」
（平成26年度報告書より）

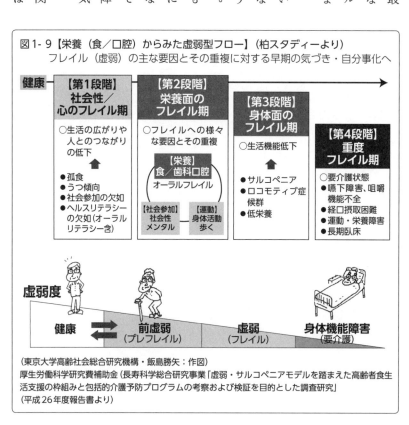

しが増える、お茶や汁物などでむせが増える、（さきいかやたくあんなどの）歯ごたえのあるものが噛めなくなってくるなどの、口腔機能低下の早期の兆候を示しています。

具体的には特に、奥歯の問題などで歯ごたえのあるものを噛めなくなってくる→それにより柔らかい食べ物ばかりを好み、逆にお肉類も含めて歯ごたえのあるものを避けるようになってしまう→それにより咀嚼をつかさどる咀嚼筋（咬筋・側頭筋など）が鍛えられず、もっと衰えていき、次にはもっと噛めなくなってくるという、いわゆる「口腔のサルコペニアを基盤とする口腔機能における負の連鎖」を改めて知ることが必要です。

したがって、このささいな衰えの段階で自らより早く気づき、歯科医療機関の専門家の助言ももらい、しっかりと管理していくことがとても重要になります。

図1-10 栄養（食／歯科口腔）からみた虚弱型フロー

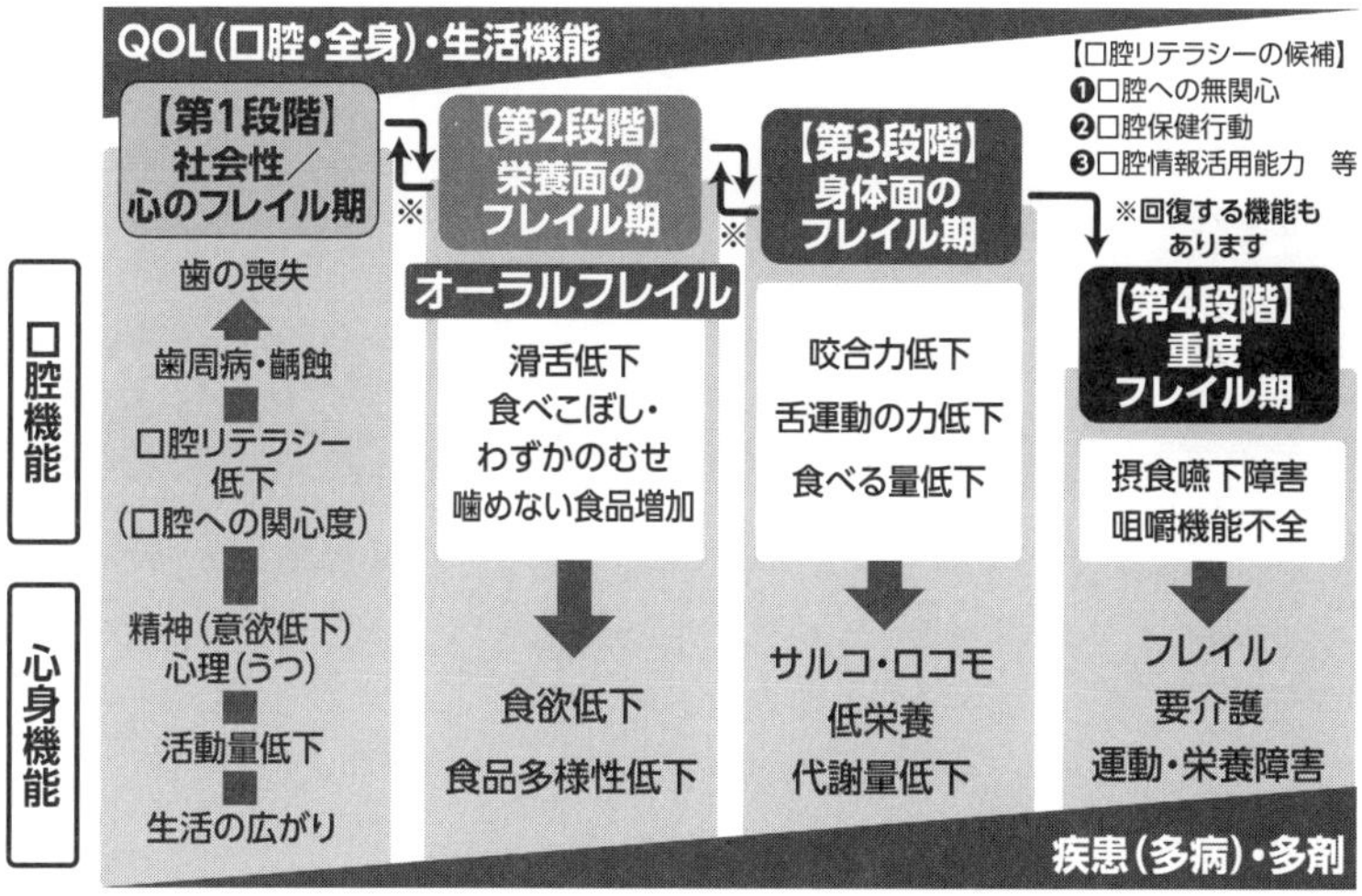

飯島勝矢、鈴木隆雄ら　平成25年度老人保健健康増進等事業「食（栄養）および口腔機能に着目した加齢症候群の概念の確立と介護予防（虚弱化予防）から要介護状態に至る口腔ケアの包括的対策の構築に関する研究」報告書より引用

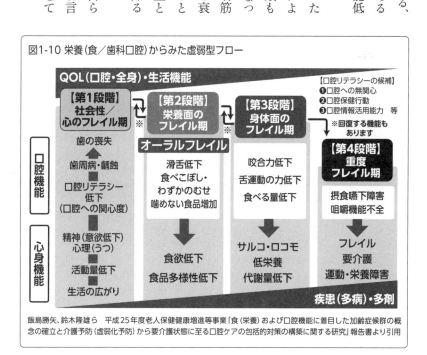

《第3段階》身体面のフレイル期

この段階になると医学的にも顕著なサルコペニア、ロコモティブ症候群、低栄養などに発展してしまい、明らかに生活機能の低下が顕在化してきます。そして、なかなか前の段階に戻ることは厳しくなってしまいます。

《第4段階》重度フレイル期

最終段階であり、嚥下障害や咀嚼機能不全、経口摂取困難、運動・栄養障害、長期臥床なども出現し、いわゆる要介護状態に入ってしまうレベルです。この段階になってしまうと自分自身で努力して改善させることは難しく、むしろ在宅医療・介護連携によるチームでさまざまな医療やサービス提供を受けることになります。でも、この段階でもその患者に対応する医療・介護専門職チームとしては「どうにか口から食べることができるように」ということにこだわる必要があります。

↓最先端と最前線の融合

❶「Bench-to-Bed side, Bed side-to-Bench」から「Bench-to-Field」へのパラダイム転換を！

研究と臨床の関係について述べたいと思います。

「Bench-to-Bed side, Bed side-to-Bench」という言葉があるように、理想的には研究（特に基礎研究：Bench）と臨床（Bed side）は帰納と演繹の関係にあるべきです。すなわち、研究室で行われた研究の結果を直接臨床に反映させ、患者を治療するための新たな方法を開発したりできるからです。またその逆もあり、臨床で培った経験を再び基礎研究に反映させ、次なる新たなエビデンスを創出していくという、お互いが補完し合う関係であるべきです。これは、研究者でもある医師の役割なのでしょう。

しかし、ここで言う「臨床」とは、基本的に医療機関を受診する患者を中心とした臨床業務をさしているのでしょう。その患者のデータを基盤として研究していくことも当然ながら重要ですが、これからの時代はむしろ、地域コミュニティーで日々生活している一般の方々を対象にした、かなり大きいサイズのデータ収集（いわゆるビッグデータ）が強く求められています。

さらに、研究（リサーチ）を最も重要視すべき組織が大学や医療機関ですが、これまで以上に地域（Field）としっかりとつながっているべきです。その意味では、今まさに「Bench-to-Field, Field-to-Bench」へのパラダイム転換をすべきであると確信しています。

社会疫学的な視点も十分踏まえた上で、Field（地域コミュニティー）の高齢者のデータをしっかり集約し、大規模長期縦断追跡調査を行い、そこから洞察の深い有益なエビデンスを見出す。そしてそのエビデンスを基盤として、その地域に、ひいては日本全国の地域コミュニティーに還元するために、シンプルかつ有効な地域活動に落とし込む、根付かせること、まさにこれが研究とフィールドの好循環のループであろうと思います。

すなわち、地域に還元できてこそ、意義の大きい大規模スタディーであり、これからは「最前線（＝フィールドの現場）のデータを用いて最

先端の研究を！」という考えが必要なのです。

❷「食べる」ことへのこだわりと「社会参加という処方箋」を！

介護予防は喫緊の課題です。このため、従来の仕組みを大きく見直し、各市町村の自発的な活動が期待されます。そのためには、多くの知見（エビデンス）に裏打ちされた有効な手法も期待されます。私たちの研究の取り組みはこの期待に応えるものであると自負しています。

今後の大きな課題は、医科―歯科―栄養連携による新たなフレイル予防の国民運動論の機運を高めていくことです。「しっかり噛んでしっかり食べる、しっかり動く、そして社会参加を！」という原点をしっかりとした国民運動論にもっていくために、いままさに国民自身と自治体行政、そして私たち専門職が一体となるべきときです。そして、「総合知」によってどのようなコミュニティーの再構築（リデザイン）をしていくべき

図1-11 市民のための市民の手による「フレイルチェック」～気づき・自分事へ

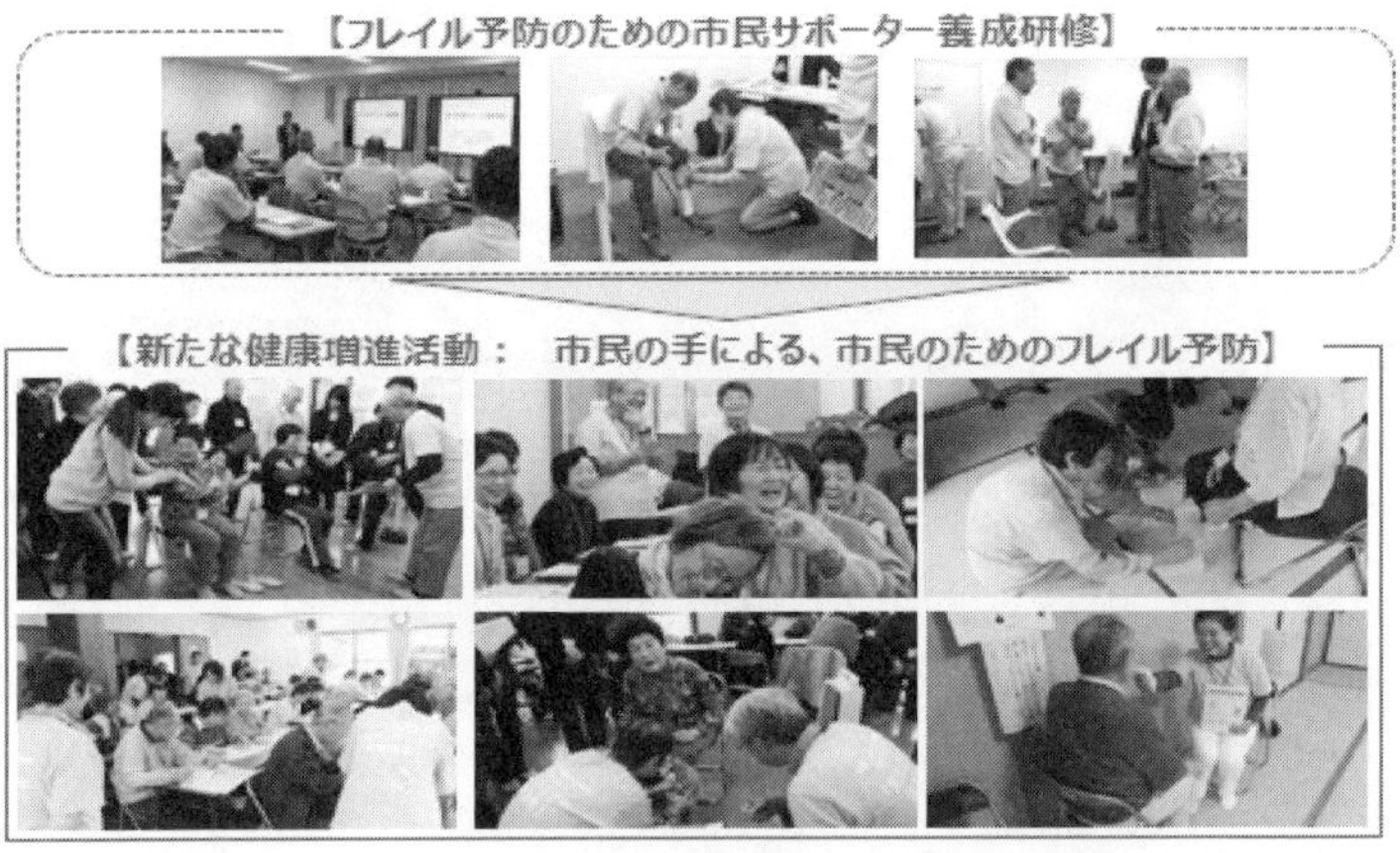
【フレイル予防のための市民サポーター養成研修】
【新たな健康増進活動： 市民の手による、市民のためのフレイル予防】

（東京大学高齢社会総合研究機構・飯島勝矢：写真提供）

図1-12 市民のための、市民の手による【フレイルチェック】

（東京大学高齢社会総合研究機構・飯島勝矢：提供）

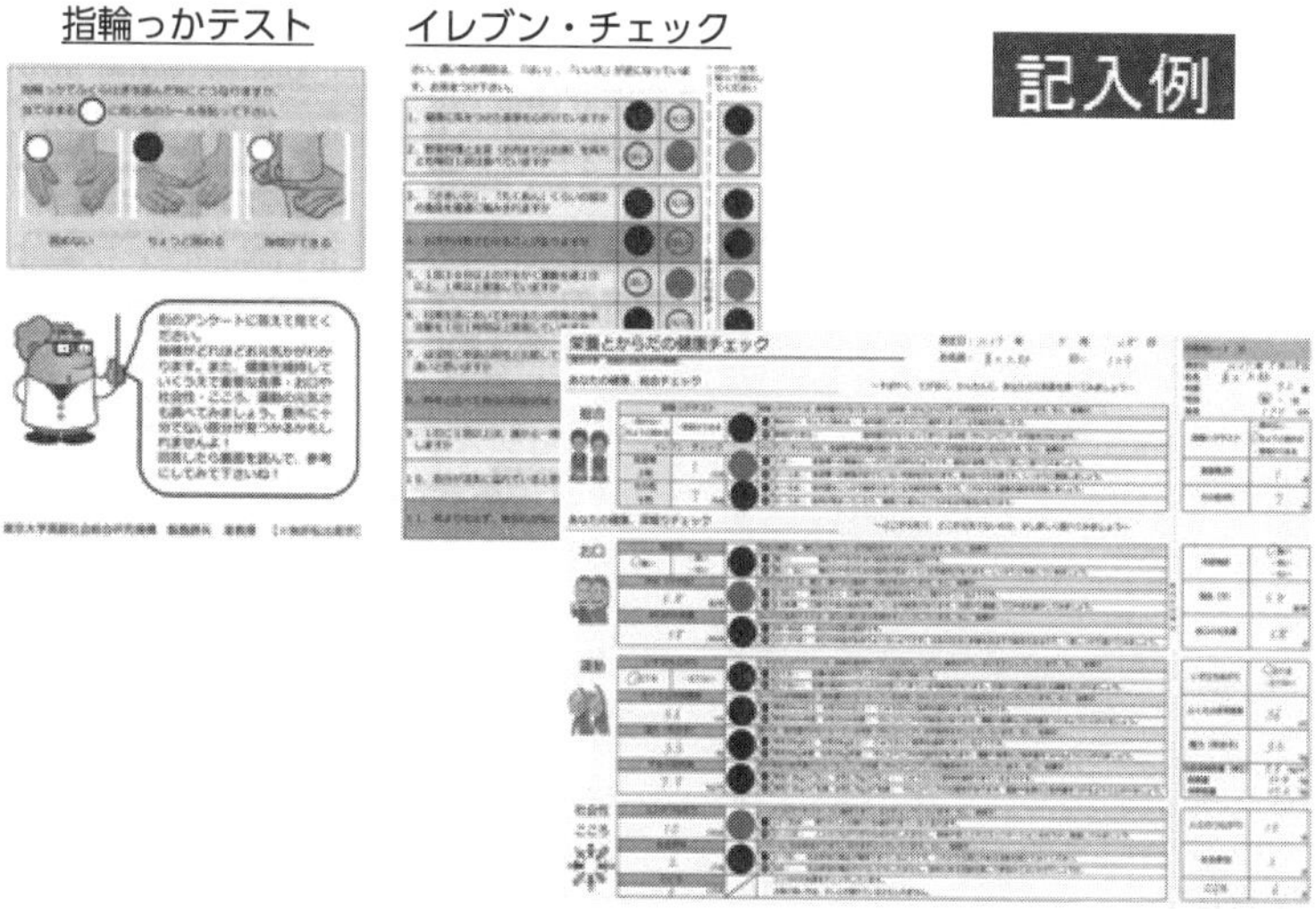

図1-13【気づき〜自分事化】から【意識変容・行動変容】へ

フレイルチェック参加によりイレブン・チェックや人とのつながりが改善した例

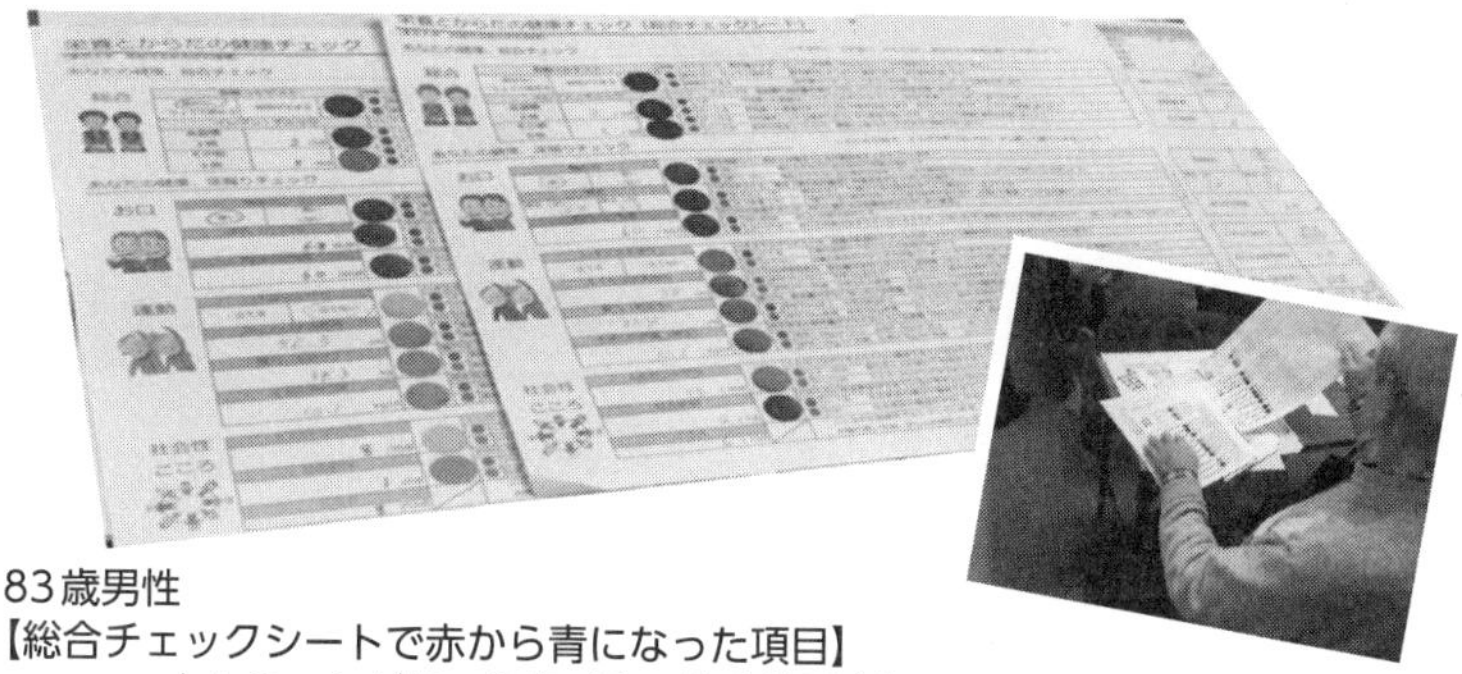

83歳男性

【総合チェックシートで赤から青になった項目】

・人とのつながり：8点（赤：社会的孤立）→ 18点（青）

・イレブン・チェック　5点（赤）→　6点（青）

【イレブン・チェックが赤から青になった項目】

Q8　昨年と比べて、外出の回数が減っていますかか、国民全員がいかに「食べる」ことにこだわりをもてるようになるのか、それを医科—歯科—栄養連携の強化によりしっかりと下支えできるのか、などが追求されなければなりません。

いま、わが国は大きな分岐点に立たされています。私たちは多くの新知見を十分に活かし、新しいスタイルの健康づくり市民サポーターである「フレイル予防サポーター」を全国で育成し、地域の身近な場所（たとえば地域サロンなど）で、私たちの考案した「フレイルチェック」を全国の方々に体験していただきたいと思っています（図1-11～13）。それにより、自分自身への気づきや自分事化に必ずやつながり、さらには「明日から自分は何をめざして、何をやるべきなのか」がはっきりと見えてくると思います。すなわち、フレイル予防というのは、「まちづくり」そのものです。もっと言えば、各自治体において産学官民で一枚岩になって取り組む「コミュニティーのリデザイン」なのかもしれません。

いま、わが国には何が必要なのでしょうか。世界に向けて何を発信すべきなのでしょうか。

「いつまでも弱らないように」という、この健康増進や介護予防の分野では、わが国はいろいろと考えて突っ走ってきました。ちょうどまさにいま、それを振り返り、新たな方向に向かって踏み出す時期に来ています。そこには、次なるものが必須です。

図1-14 これからめざすべき方向性

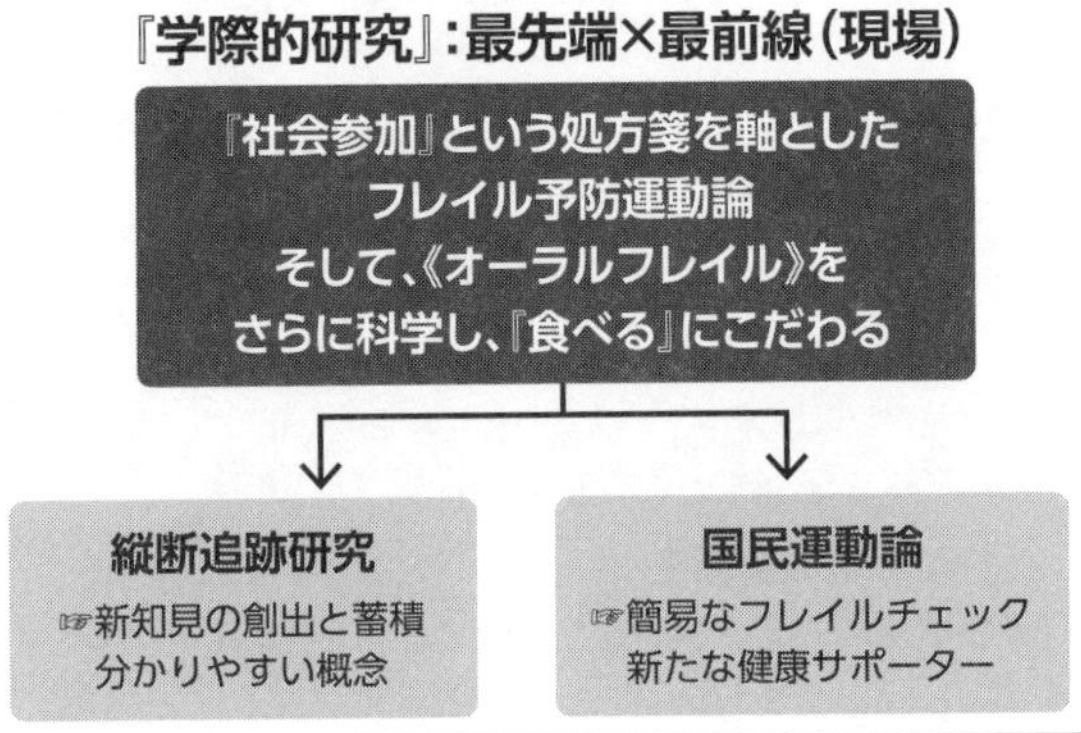
『学際的研究』：最先端×最前線（現場）
『社会参加』という処方箋を軸とした
フレイル予防運動論
そして、《オーラルフレイル》を
さらに科学し、『食べる』にこだわる
縦断追跡研究
☞新知見の創出と蓄積
分かりやすい概念
国民運動論
☞簡易なフレイルチェック
新たな健康サポーター

①規模縦断追跡研究などを介した新知見の創出と蓄積、そして、それから生み出される国民にわかりやすい概念整理という視点。
②しっかりとした国民運動論へ仕掛けるために、国民自身へ「早期の気づき・自分事化」を促し、意識変容や行動変容につなぐこと。

すなわち、これからは「最先端と最前線との融合」というイメージが必要なのです。魅力ある「最先端の学際的研究」を「最前線（すなわちコミュニティーの現場）」から収集し、ビッグデータを扱いながらの戦略研究が必要です。私たちは今後さらにこれを追い求めて推し進めていきます。

↓フレイル予防は「総合知によるまちづくり」

新しい概念「フレイル」を多面的な視点で説明してきました。この多面的なフレイルを地域在住の高齢者にもわかりやすく説明し、納得後に自分事化して、「今日一日、その高齢者が多面的に底上げできているのかどうか」という視点で本人の耳に届き、わかりやすい指導がされているのか、そして多面的な活動に入れるような環境づくり・まちづくりができているのか、これは大きな課題です。筆者である私が二〇一五年秋から関わっている内閣府の一億総活躍国民会議において、「ニッポン一億総活躍プラン」が二〇一六年六月上旬には閣議決定されました。その中で、フレイル対策が盛り込まれました。すなわち、国家プロジェクトの一つに掲げられたと言っても過言ではないと思います。実のあるフレイル予防を達成するには、どのような視点に力を入れるべきなのでしょうか？

　多面的なフレイルをより早期から予防したい。特に社会性の虚弱（ソーシャル・フレイル）の影響も大きく、フレイル予防とはまさに「総合知によるまちづくり」と言ってもよいでしょう。具体的には、従来の運動を推奨することも加速させながら、特に「社会参加」という処方箋を軸としたフレイル予防へどのように比重をかけることができるのかが鍵であると思います。従来から実施されているさまざまな介護予防事業が、住民にとっていかに参加しやすくなっているのか、参加した介護予防事業において、いかに次なる事業への参加が促されているのか、住民主体で湧き上がってくるインフォーマルなさまざまの社会参加の機会が、住民一人ひとりに見やすくなっているのかなど、多面的な底上げが求められるのでしょう。さらにもっと言えば、縦割りに近い自治体行政の内部も横の連携が必要であり、また医師会、歯科医師会、栄養士会など、多くの専門職能団体も協働して、このフレイル予防活動に寄与すべき時にきています。

　以上のように、フレイル予防をまさに「総合知によるまちづくり」として実践していくにあたり、「産学官民」の連携も強

図1-15 フレイル予防とは『総合知によるまちづくり』

多面的なフレイルに対して『社会参加』という処方箋を軸としたフレイル予防

く求められています。前述した官と民の活動だけではなく、産（産業界・民間）もヘルスケア分野に今まで以上にコミットしていく必要があります。また、学（アカデミア）の役割も大きいでしょう。すなわち、【国民運動論】に発展していくために、行政側のリードのもと、市民主体のフレイル予防活動を促しながら、同時に専門職や企業などの活動との融合が必要です。さらに【学術的研究】も並走すべきであり、地域コミュニティーのデータ（いわゆるビッグデータ）を扱った新しいエビデンス蓄積と概念構築も大きく期待されます。この大きな二つのウイングが上手く重なり合って、より早期からのフレイル予防活動が日本全国の快活なまちづくりにつながると確信しています。

2

座談会

栄養・身体活動・社会参加の 三位一体で フレイル予防を 国民運動に

飯島勝矢（東京大学 高齢社会総合研究機構教授）

戸原　玄（東京医科歯科大学大学院医歯学総合研究科　老化制御学系“口腔”老化制御学講座　高齢者歯科学分野准教授）

矢澤正人（新宿区健康部参事・歯科医師）

司会／**新田國夫**（医療法人社団つくし会理事長）

高齢者はなぜフレイルになるのか

新田　地域包括ケアシステムをつくらなければいけないという話のなかでいま、サルコペニア、そして飯島先生が言われているオーラルフレイルという問題が重要になってきました。まず飯島先生、地域包括ケアシステムについて、基本的な構想をどのように考えていますか？

飯島　地域包括ケアシステムという言葉が国の方針、国策として出てきて、全国のいろいろな自治体でいろいろな取り組みがされています。何歩も進捗を見せているところもあれば、まだまだ半歩くらいしか進められていないところもありますが、地域包括ケアシステムというと、医療、介護、そこに予防というキーワードがあって、住まい、生活支援があります。特に在宅医療という視点で見ると、医療と介護は近いようで遠かったので、それをなるべく近づけようと全自治体で大なり小なり取り組んできた、ということがあります。

そこに今日、「食べる」というところにどうこだわり、しかもそれを予防という川上からどう攻めていくのかということと、もう一つ本当にギリギリの方の「食べる」ということにどこまで私たち専門職がこだわり続けるのか、という両方の視点が必要です。このギリギリの在宅医療の方の摂食嚥下障害に対するアプローチ

も絶対に重要ですけれども、予防の要素が全国的にまだ弱いのではないかという視点があり、むしろ予防のほうのメッセージとしていろいろ発言したいと思って来ました。

健康長寿のための「三位一体」

新田　飯島先生が言われている「三位一体」で、「栄養」と、運動、社会活動等を含めた「身体活動」、そして「社会参加」とあります（図2-1）。このなかになぜ「栄養」という問題が入ってくるのですか？

飯島　「なるべくは健康長寿」と言われます。そのためには、なるべく要介護になりたくない、ないしは要介護になる時期をなるべく先伸ばしにしたいわけです。そこにはフレイルが大きな課題になってきます。

「フレイル」とは虚弱ということです。これを市民、国民に啓発したいということで、やわらかいイメージにするために私たち日本老年医学会が「フレイル」というカタカナ四文字にして、二〇一四（平成二六）年に声明を出しました。フレイルには、フィジカル（身体的）・フレイル、メンタル（精神的）・フレイル、ソーシャル（社会的）・フレイルが含まれます。

フレイルの最たる要因が、サルコペニアという筋肉の衰え、加齢

図2-1 健康長寿のための『3つの柱（三位一体）』

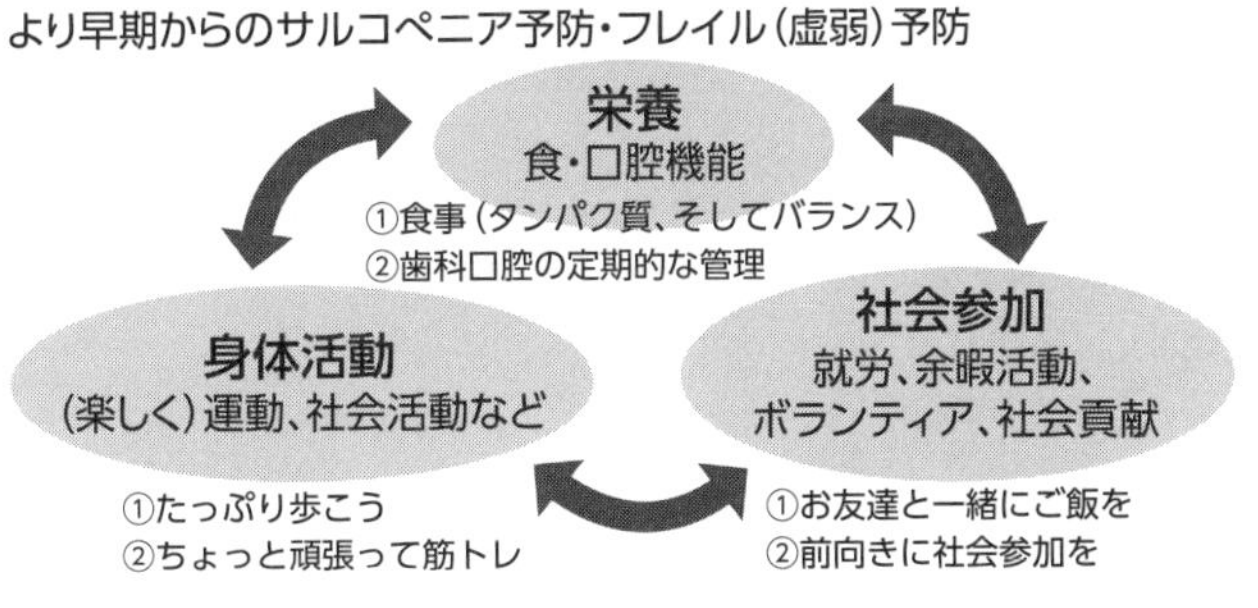
より早期からのサルコペニア予防・フレイル（虚弱）予防
栄養
食・口腔機能
①食事（タンパク質、そしてバランス）
②歯科口腔の定期的な管理
身体活動
（楽しく）運動、社会活動など
①たっぷり歩こう
②ちょっと頑張って筋トレ
社会参加
就労、余暇活動、
ボランティア、社会貢献
①お友達と一緒にご飯を
②前向きに社会参加を

（東京大学高齢社会総合研究機構・飯島勝矢：作図）

性の筋肉減弱になってきています。もちろん、すべてがサルコペニアで規定されるわけではありませんが、かなり大きなウエイトを占めています。

そうすると、そこには栄養管理が必須、ど真ん中の要素です。ただそれは、たとえば歯の数が少なくて噛めないという単純なものではなく、ムードや気分、ご飯がおいしそうに見えるのか、友だちと楽しくご飯を食べに行きたくなるのかというメンタル面など、社会性という要素がたくさん入っているのが栄養・食というものです。

そこで、千葉県柏市での「柏スタディー」など六五歳以上の高齢者を対象にした大規模研究も走らせながら、高齢者の食べる力は何で下支えされていて、そのコミュニティーがどこまで幅広くカバーできているのか、底上げできているのか、という視点を研究しています。

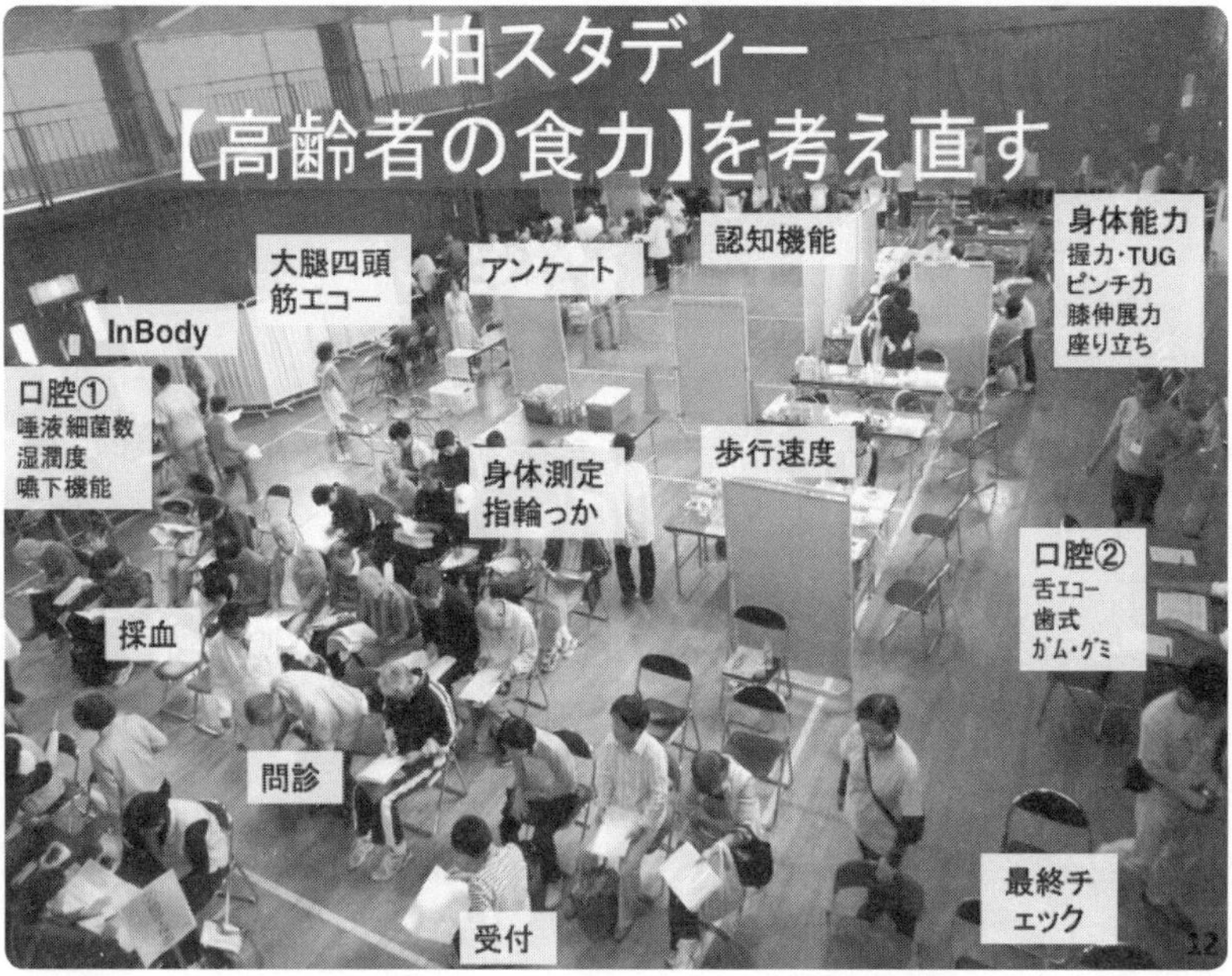

「柏スタディー」は二〇一一（平成二三）年からですが、具体的には三位一体全部が含まれるシンプルなフレイルチェックをつくりました。それを、みんなでワイワイ楽しみながら測定し合います。〇×をつけるために、参加高齢者たちはみんな青色シールと赤色シールを渡されて、青だ、赤だと通知表をつけていきます。みんなでチェックし合って、最後にこの三位一体の重要性を参加者全員でもう一回勉強し直します。

フレイルチェックは半年ごとに定期的に行います。赤がついた人は、なるべく半年後には青にしよう。青がたくさんついた人は、半年後もなるべく赤が増えず、青が持続できるようにしよう、という目標を共有して解散します。

その簡単なフレイルチェックには、できあがったセットがあります。一番バッターが「指輪っかテスト」です。これは簡単に、サルコ

図2-2 初考案【指輪っかテスト】によるスクリーニング

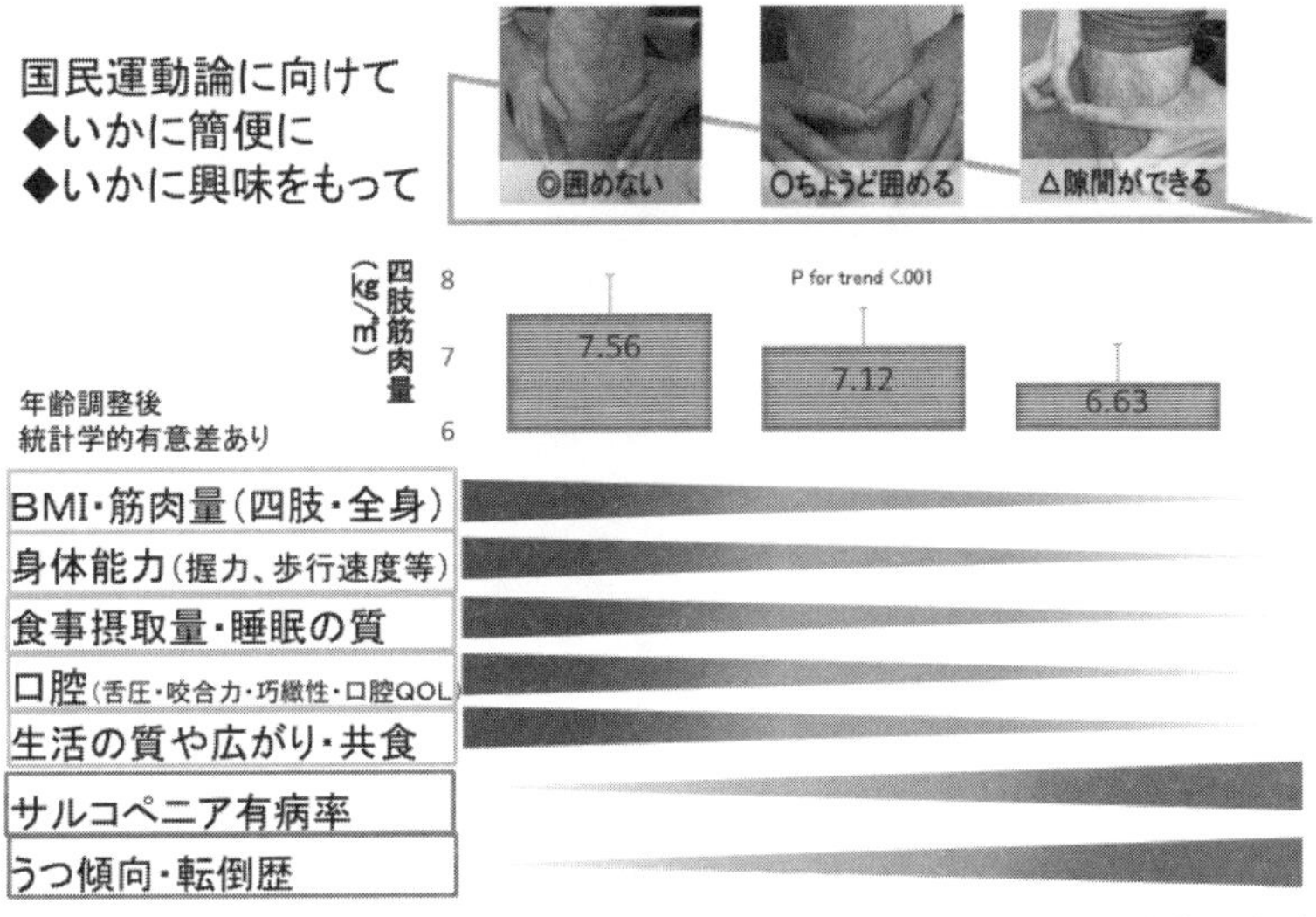

（東京大学高齢社会総合研究機構・飯島勝矢：作図）

ペニアの傾向があるかどうかを見るテストです。両手の親指と人差し指で「指輪っか」をつくり、自分のふくらはぎの一番太いところを囲むだけです。太くて囲めない人、ちょうど囲める人、細くて隙間ができる人に分類できますが、この順でサルコペニアの可能性が高まります。

これに加えて、滑舌をチェックするテストや、パイプ椅子から片足で立てるかどうかでロコモ（ロコモティブ・シンドローム：運動器症候群）の傾向を見るテスト、さらには組織参加や心の具合を見る質問などが含まれているセットです。

このフレイルチェックをリードするのは、新しいスタイルとしてつくった市民サポーターです。最後に、その三位一体の重要性を市民目線で唱えていく役割も市民サポーターが担います。市民サポーターになる方にも非常にプラスになっています。

その場には、私たちドクターや歯科医師、栄

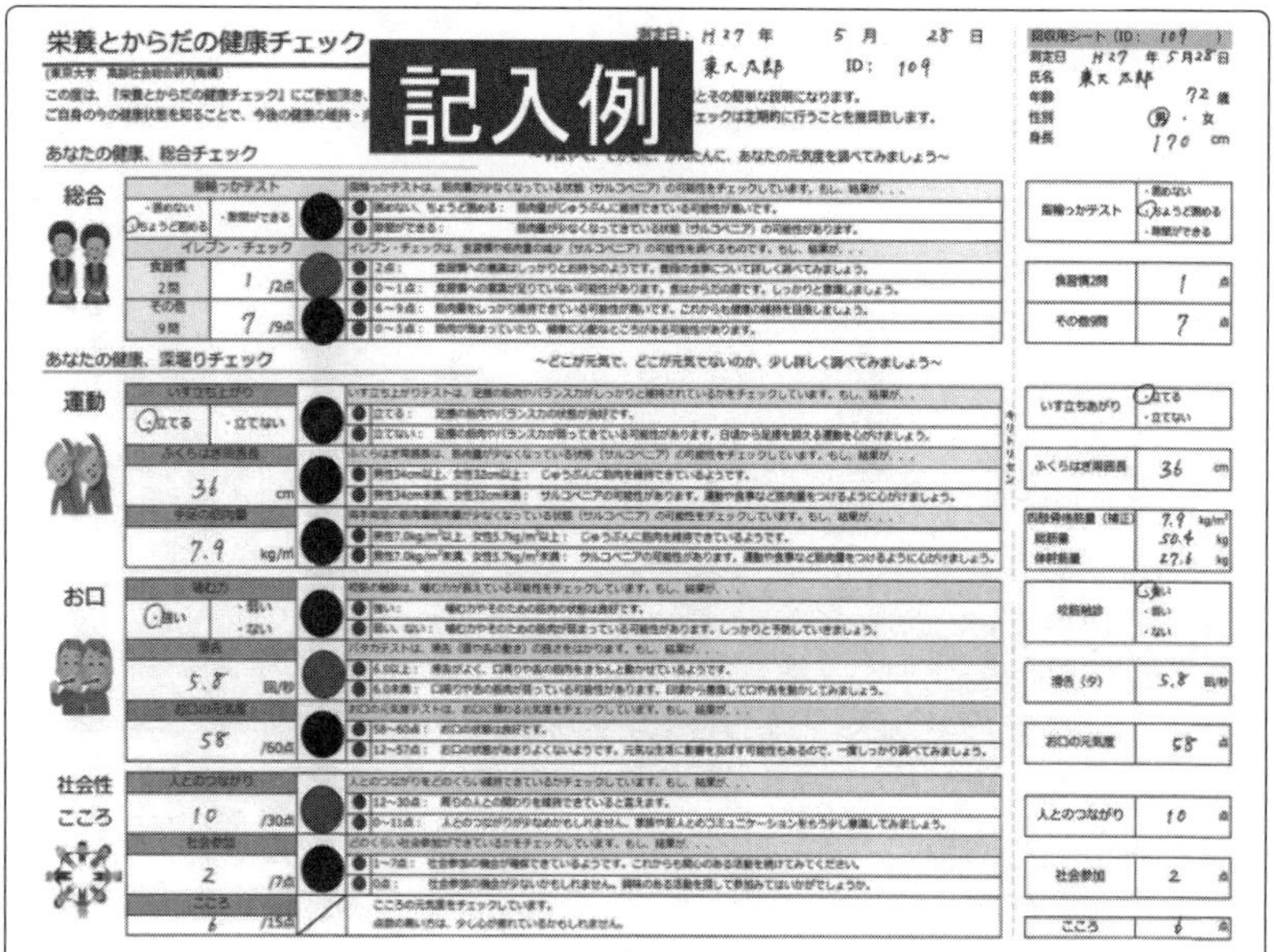

（東京大学高齢社会総合研究機構・飯島勝矢：提供）

養士などの専門職はいません。市民同士でつくり上げ、自ら気づいて自分事化するのが一番の目的です。

この市民サポーターの養成はしっかりやっています。ただ事務的に「ふくらはぎの周囲径をメジャーで測ってください」ではなく、なぜふくらはぎを測らなければいけないのかの医学的な概念や、チェックセットはエビデンスにもとづいて成り立っていることなども理解してもらいます。またコツも含め、盛り上げる場をつくらなければいけないということも、ちゃんと意識してもらいます。

こうした養成研修を受けて、実際に地域サロンで展開してもらいます。二〇~三〇人の市民サポーターがいると一人や二人は必ず、「この人、すごいよね」というマイクさばきのいいおじさんが出てきます。もともと企業マンで営業もやっていたとか、ちょっと口滑らかだったりとか、そういう下地があるのですね。柏ではもう、二人くらいがやっています。

矢澤　なるほど、市民がプレーヤーで、そのなかで運動を支える人材も見つけるわけですね。

新田　戸原先生は歯科のなかで、摂食嚥下という少し進んだところの話をしてきています。実はもっと前の段階、たとえば８０２０運動（八〇歳になっても二〇本以上の自分の歯を保とうという運動）があり、歯周病という問題があって、しかしそれよりもっと以前の段階から、いま飯島先生が言われたような重要な問題があると思っているのですが、先生はどう思っていますか?

戸原　もともと歯科の高齢者に対する興味は、８０２０に代表される歯の数を残そうというもので、歯が残っている人のほうが健康だとか頭の状況もいいなどのデータをつくってきたところがあると思います。けれども近年、従来の歯科の対象疾患は虫歯と歯周病と歯がないことでしたが、これからは口の機能も対象にしていこう、とよく言われます。

新田　そこで虚弱に陥るのはなぜなのかというところから始めないと、その次の機能の問題に入っていけません。高齢者はなぜ、全体的に虚弱な状況に陥っていくのでしょうか？

飯島　虚弱はある程度はエイジング（加齢変化）で規定されています。一〇〇%ブレーキをかける、抗うことは、事実上無理なことです。ただそれは、努力すればしたなりに結果が出てくるという部分でもあります。

私自身は老年医学の人間で、専門家としてたとえば外来の患者さんを診ても、いわゆる昭和や大正の何年生まれとか、八〇歳、九〇歳という暦年齢はもうほとんど関係なくなってきて、いわゆるソーシャル・エイジと言われる社会的年齢が非常に大きく影響すると考えています。

その社会的年齢は何で規定されるのか、ということです。後期高齢であってもガタイがしっかりしている方々は、食べている背景もあります。元気だから食べられるのか、食べているから元気なのかということもありますが、そこには、努力して食べているだけではなく、食べたくなる環境があるのか、そういう街にいるのか、友だちづきあいなのか、人間交流関係なのかという、いろいろな背景があると考えられます。

ですから、なぜ高齢者の食べる力、食力が落ちていくのかを比較的上流から紐解くべきであるというのが、私の研究のもともとの出発点です。

たべる力「食力《しょくりき》」

新田　「二〇三〇年日本第二の敗戦説」というものがあります。第二次大戦で敗戦したように、日本は超高齢社会で敗戦すると……。なぜかと言いますと、結果として二〇三〇年世界というのは老老世帯、一人暮らし世帯が増えます。その人たちは七五歳以上で、女性はだいたい八〇歳以上です。いまのような社会参加もなく、結果として閉じこもって、どんどんいわゆる介護状態になる——。そういうとんでもない日本になる、という説です。そこをどう防ぐのか……。

飯島　医療技術はもう一回り進むでしょう。iPS細胞など臓器修復の細胞ももう一回り機能してくれているかもしれません。けれどもそれ以上に、心や社会性などの影響が思いのほか大きいのです。私自身がやった大規模スタディーでも、上と下で差が非常に大きい。いま現役あるいはそろそろ引退という方が、もう一〇～一五年後に、社会的な孤立感や家庭内孤立感が如実に出てしまう可能性がありますね、確かに。

そういう意味では、虚弱段階のオーラル・フレイルの前に、私たち専門職がギリギリの嚥下機能の方にどうアプローチするのかはとても重要です。けれどもとにかく、私自身が仕掛けたい研究は川上に上がろうということで、上流の出来事がどうなっていて、自分たちが落ちるところはどうなっているのかを知るために、高齢者の食べる力はどこで担っているのだろうと考え、まずイロハのイとして「食力」をイメージしたわけです（図2-3）。高齢者の食力は何で規定されているのか——。

当然、歯の数もなるべく多くあってほしい、咀嚼力もしっかりあってほしい、嚥下機能もしっかりしていてほしいとか、最

図2-3 あなたの『食力《しょくりき》』は？

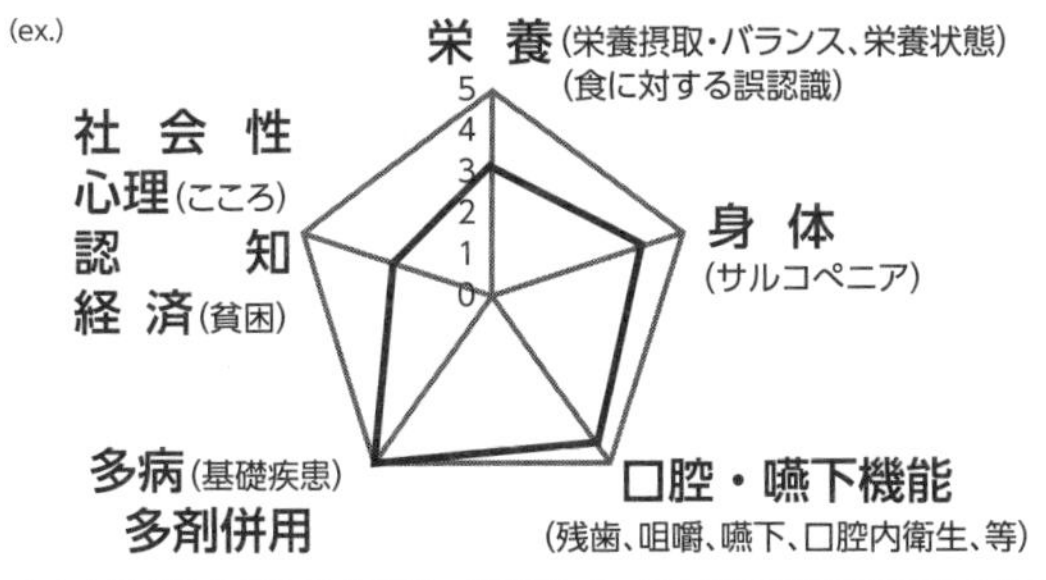

東京大学 高齢社会総合研究機構・飯島勝矢ら　厚生労働科学研究費補助金（長寿科学総合研究事業）「虚弱・サルコペニアモデルを踏まえた高齢者食生活支援の枠組みと包括的介護予防プログラムの考案および検証を目的とした調査研究」（H24～25年度データより：未発表）

終的には誤嚥性肺炎なども含めて、口腔内衛生状態がしっかりしてほしい。これは非常に大きく、誰もが重要だとわかっていることです。

もう一つ、老年医学的にはポリファーマシー（多剤併用）です。副作用で悩む以前に、抗コリン薬は唾液分泌だとか、一例一例にきめ細やかな処方を、ドクター側はもう少し考えなければいけないということです。

それから栄養バランスやいまの栄養状態を、専門職だけでなく、たとえば介護する方々も理解できる簡単な指標が必要だろう、ということもあります。

さらに、もしかしたら一番大きく、口腔系と同じくらい大きな要素が社会性、心理（こころ）、認知、経済（貧困）という要素です。簡単に言えば、ある高齢女性（おばあちゃま）が気持ちよくスーパーに買い物に行けたかどうか、気持ちよく食卓に料理を並べることができたのかどうか、そして、楽しくお友だちとデパ地下に行けたかどうか、このような世界の話になります。このあたりは、私たち医者や歯科医を含め専門職だけではなかなか手が届かないところ

で、誰がこれを担うのかというところです。

そうするとこれは、行政だけががんばればいい話ではなく市民オールの話ですけれども、行政がコミュニティーをどうリデザインしていくかというところになってきて、そこにどう専門職を使うのか、市民をどう啓発するのか、ということになってしまいます。たかだか五分の一かもしれませんけれども、もしかしたらそれ以上にウエイトは大きいのかもしれません。

新田 重要な視点を指摘されました。逆に言うと、いままでの範囲の歯科では、超高齢社会に意味合いをなさなくなってくる可能性もありますが、そこはいかがですか？ 自らも、ものすごく変わらなければいけませんが……。

戸原 そうだと思います。これまでの歯科では、たとえば入れ歯を入れたとして、その場でカチカチ噛んで、うまく噛めていたら終了でした。でもそれは、食べものを食べたところを観察したわけではありません。歯を治したらせめて、高齢者なら何かを食べてうまく食べられているかどうかを評価するとか、ふだんどうやって食べているかを聞いてみるなど、それくらいは最低限やるべきだと思います。

新田 そうしますと、この図の栄養、社会性、多剤の併用の問題、サルコペニア、こういった問題を医師もトータルに診る力が必要となると同時に、歯科医は口腔・嚥下機能（残歯、咀嚼、嚥下等）だけでいいのでしょうか？ もう少し社会性を含めてこの際、こうならなければいけないということについて話してください。

戸原 もちろん口や食べる機能をしっかり診られることが必要だと思いますが、たとえば多剤併用などに関して、すごく細かいことはわからなくても、明らかに飲み過ぎているだろうとか、この薬の副作用でおそらくこういう影響が出ているくらいは、主治医に相談できる程度の気づき方が必要でしょう。また、口を治したからといっても、食べられていなくてガリガリに痩せているとしたら、歯だけではなくて食事内容を気にすることも必要だと思います。さらに何となくですが、外食しているかどうかも、けっこう大事な気はします。

新田　柏でのかなりの大規模スタディーによってこうした方向性が見えてきたのだと思います。これを含めてそのスタディーから見えるものについて、もう少し話してください。

飯島　「柏スタディー」は、自立高齢者から要支援までの比較的安定されている方々の縦断追跡調査でした。特にサルコペニアという一つの軸を置きながら、多面的な解析をしてきたわけです。

我々は、どういうふうにサルコペニアになっていってしまうのだろうと、いろいろな仮説をたくさん立てました。たとえば、ABCDというシナリオでサルコペニアになっていくのか、ACBDという違うパターンのルートでサルコペニアになっていくのか……。それらをこの大規模スタディーのなかで、どのシナリオの説得力、可能性が一番高いのだろう、と網羅的に検証していきました。

すると、口腔系から直接落ちたり、脳卒中によるマヒでいきなり落ちるというより、社会性から落ちるのです。さきほど戸原先生から「外食しているか」とありましたが、外食にはいろいろなことが含まれていて、我々が行き着くところの一つは、人とのつながり、生活の広がり、そして孤食です。

孤食か共食かということは、ふだんからよく家族や友だちと食事を共にしているかどうかが比較的大きな要素です。単に一人暮らしかどうかだけでは、フレイルの傾向があるかどうかはわかりません。むしろ、孤食かどうかというほうが、比較的フレイルに傾いている方々、フィジカルだけではなくメンタル・フレイルや、社会性のソーシャル・フレイルという方がかなり拾われてくる、ということがありました。特に、同居家族がいるにもかかわらず孤食という方々がそれなりの割合でした。それは大きな社会性の欠如、ソーシャル・フレイルになっている、という結論に達しました。

新田　地域包括ケアの根本は、これから当たり前に存在する独居、老老家族、そして家族と分離した家族、それらをサポートするシステムをどう地域でつくるかということになってくる、そこが見えてきたように思います。

栄養面のフレイル期こそ気づくべきとき

オーラルフレイルとは

新田　図2-4の「【第二段階】栄養面のフレイル期」のなかで、「オーラルフレイル」という言葉があります。飯島先生が言い始めた言葉です。これについて説明してください。

飯島　フィジカル・フレイルのなかの口腔の衰えについては、歯科の先生方もずいぶん前からやられていますが、これまでは八〇歳で二〇本残そうという「8020運動」を推し進めてきたわけですが、いわゆる形態学的な視点が強かったであろうと思います。もっと機能論でいくべきであろうと私たちも考えていて、それをオーラルフレイルという言葉で現出できないかと……。

ただ、たとえば歯が全部抜け落ちて総入れ歯という方も当然オーラルフレイルですけれども、一番重要な「しっかり噛んで、しっかり食べよう」をもう一回、国民運動論に引き上げたいがために、なるべくは川上のメッセージとして出したわけです。噛む力がまったくないとか、毎日むせているなどギリギリの方を意図的にオーラルフレイルと言うよりは、もっと比較的ささいな衰えの方々をオーラルフレイルと積極的に強く言うべきであろうと考えています。この「栄養面のフレイル」も、ギリギリの低栄養という意味ではなく、ささいな栄養の偏りという意味です。すなわち、国民の口腔機能への予防意識を高めたいということですね。

そういう意味で滑舌低下は、比較的、首から下のサルコペニアと強くリンクすることがわかってきました。また、食べこぼし、わずかなむせ、たくあん、さきいかに代表されるような噛めない食品が増えてくるのは、私たちのスタディーで、たとえばサルコペニアの群、その手前のサルコペニアの予備群、サルコペニアでない健常群という三群で比較すると、健常群とサルコペニア予備群ですらもう有意差をもって差が出てきました。

こういうささいな衰えは、生活には困ってい

図2-4 栄養（食／歯科口腔）からみた虚弱型フロー

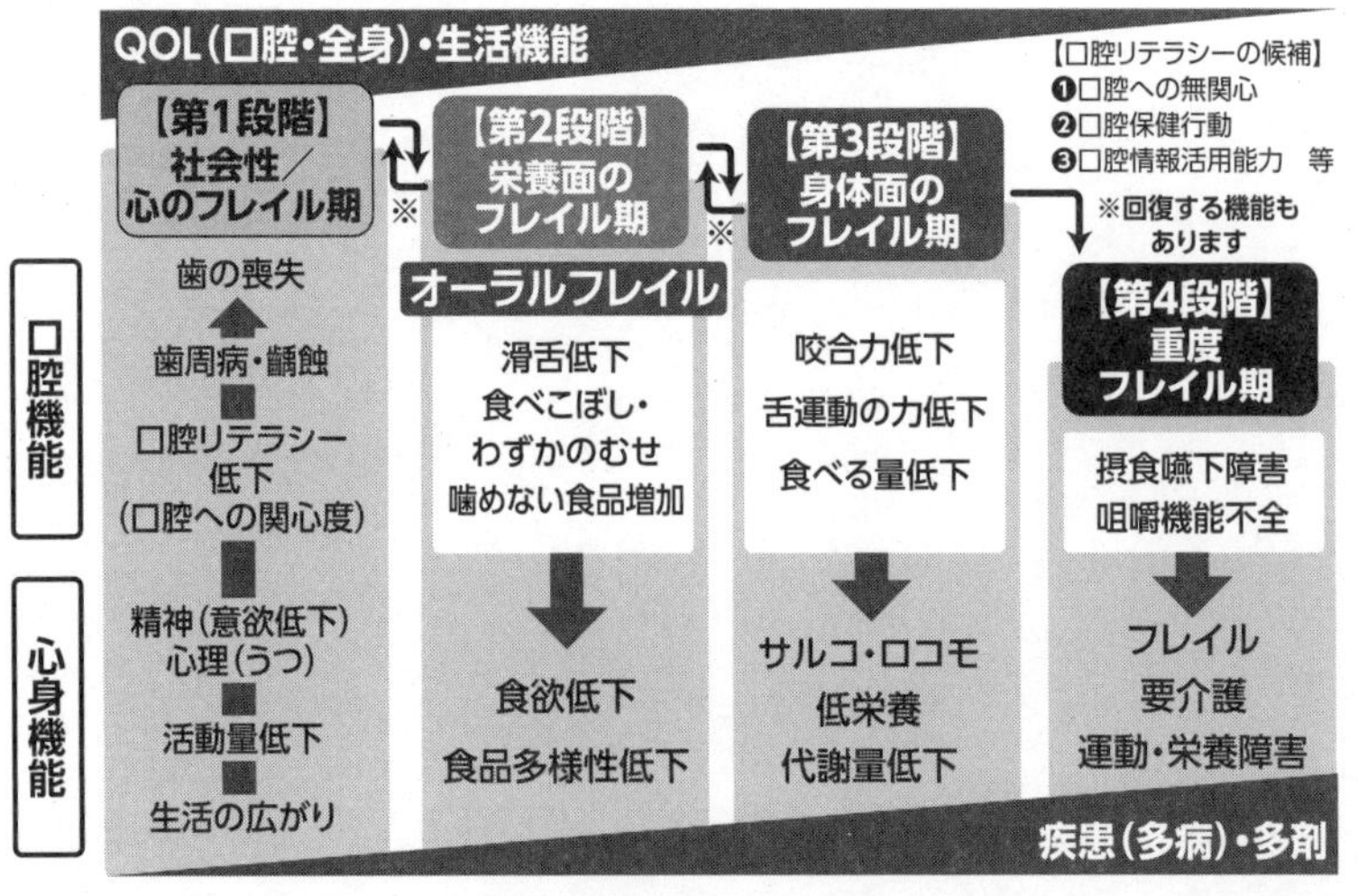

飯島勝矢、鈴木隆雄ら　平成25年度老人保健健康増進等事業「食（栄養）および口腔機能に着目した加齢症候群の概念の確立と介護予防（虚弱化予防）から要介護状態に至る口腔ケアの包括的対策の構築に関する研究」報告書より引用

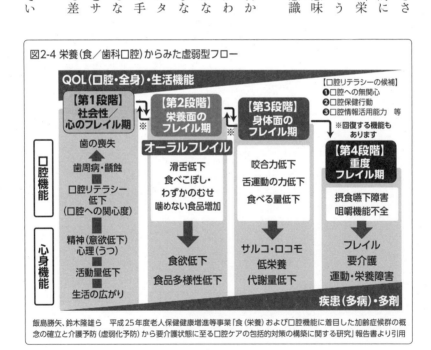

ないけれども「言われてみればあるよね」というものです。それを、なんとかうまく国民にメッセージを送って、いわゆるオーラル・ヘルスケアのリテラシーを高めたいという思いがあります。これがより多く積み重なってくると、食欲低下の頻度が少し増えたり、食事のバラエティさが減退することが私たちの統計学的なデータで出ています。これを見逃すときっと次の段階に行ってしまい、噛む力やベロの力が相当弱くなってしまいます。

ですから、国民がなるべく第二段階のうちに気づき、いまやるべきことは何かを考えることが重要です。

新田 すごく重要なことですが、実際に普通の病院や一般診療所あるいは歯科の先生のところに行ったときに、こういったことを診ていますか？

戸原 いや、たぶん全然診ていないと思います、残念なことに。いまお話を聞いてなんとなくイメージしたのは、近隣に住んでいる方でも、ちょっと仲良くなってきた一人暮らしのおばあちゃんとかおじいちゃんたちに、うまくメッセージで伝わるような方策が取れるとすごくいいかなと……。

ただそれこそ、メッセージが伝わったとして、そのメッセージを受け取った人がどこかに相談に行ったときに、どう対応するかというところもつくっておかないとやはり……。

新田　そうするとこの話は、医療機関を越えて、行政も含めた運動論としてやらなければいけないと、そういう話ですね。

飯島　先に紹介した市民サポーターは、その先進的な取り組みとして「柏スタディー」でつくったものでした。柏市行政にも、この意義を十分わかってもらいたいと考えています。

新田　二〇二五年、三〇年問題を考えると、予想される大量要介護の世界をつくらないために、いまの飯島先生の指摘のようなことをきちんとやらないと、私たちは二〇二五年、三〇年をきちんと迎えることはできないと思います。予想された数字を、こういうことによって根本から壊していかなければならないと思いますが、どうですか？

飯島　行政も考え方を変えなければいけないし、新しくつくっていく市民サポーターも有効に使わなければいけません。もっと言えば「口腔リテラシー」です。ちょっとしみたら早めにかかりつけの歯医者さんに行く、かかりつけがなければつくる、しみていなくても定期的にメンテナンスしてもらうという、自分の口に対する興味です。根本的にはそのあたりからやらなければいけない、と考えています。

新田　図の段階と段階の間のラインが曲がっているのはそういうことですね。

飯島　そうです。いわゆるリバースで、努力によっては前段階に戻れるということです。

新田　そういうなかでは、歯科の先生にもぜひがんばっていただきたいと思います。

オーラル・フレイルの影響

新田　飯島先生からオーラルフレイルに関する最新のデータを提供いただきました。このオーラルフレイルの図2-5を見ると、ロコモがナンバーワンです。「ロコモ2」というのは……。

飯島　軽症と重症の区別で、「2」はシビアなほうです。

新田　また低栄養リスクが一・八とあるのが意外にも思えますが、これらはどう読めばいいのでしょうか？

飯島　この数字には全部有意差がついていますが、一〇年、一五年とは追跡できていないのでまだまだ短く、このオッズ比の高低だけで低栄養リスクが弱いとは決められません。けれども、私自身が意図的につくったオーラルフレイルの概念は、ささいな衰えを国民にどう知らしめるのかということで、生活には困っていない状態です。これは、昨日も一昨日もむせて誤嚥性肺炎を起こしそうになったという話ではなく、「言われてみれば……」というものです。

そういうささいな衰えも、複数重なるとオッズ比がすべてにおいて有意差をもって立ってくるということを、どういうふうに市民側に咀嚼した形で唱えるか……。それには、いい意味で脅す感じが効果的ではないか、と思っているのですけれども。

新田　これは認知症予防にも言えますね。

飯島　なります。「三位一体」は、身体的なフィジカル・フレイルのためだけではなく、コグニティブ・フレイル、つまり認知機能のほうにも当然同じことが言えます。

新田　すばらしい。これをやっていかなければいけないという

図2-5 オーラルフレイル

・お茶や汁物等でむせることがありますか→はい
・さきいか・たくあんくらいの固さの食べ物が、かめるか→いいえ
・滑舌が低い→オーラル・ディアドコキネシス/Ta/＜6.0（回/s）
上記3項目のうち、2項目以上該当の場合をオーラル・フレイルと仮に定義した。

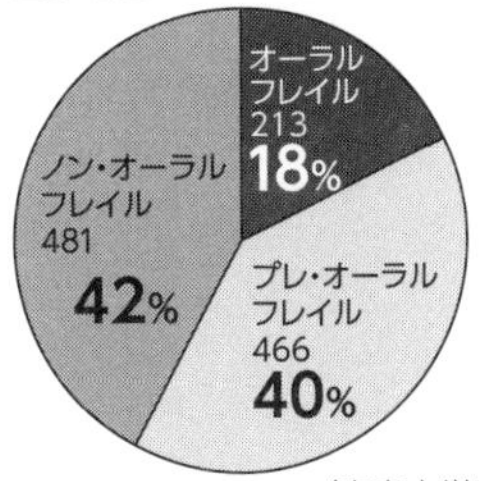

オーラルフレイルの状況だと、、（下記、すべて有意差あり）

サルコペニア		2.8倍
ロコモ	ロコモ1	2.4倍
	ロコモ2	6.8倍
低栄養リスク		1.8倍
食欲低下		3.2倍
食品多様性の低下		1.6倍

（東京大学高齢社会総合研究機構・飯島勝矢：作図）

世界が、だんだん見えてきたような気がします。

口腔機能と加齢変化

新田　ささいな低下等について、エビデンスをもって出されましたが、これについて説明してください。

飯島　これも「柏スタディー」で、自立から要支援までの比較的元気な、高齢者になりたての方から後期高齢者までの方々を対象に、五歳刻みの世代別でどれだけ口腔機能が加齢変化を取りやすいのか、取りにくいのかを調べたものです。六五歳から六九歳までの一番若い高齢者を機能ベースゼロとして、グラフが急峻に右肩下がりになるものは、加齢変化を如実に取りやすく、横ばいだったら基本的に加齢変化はあまり取れない、というものです。

すると、歯の数は８０２０を達成している方々が増えてきているとはいえ、数が少なくなりやすく、やはり加齢変化はとりやすい。また、義歯装着の頻度も、当たり前と言えます。ガムでトータル・パフォーマンスとしての咀嚼力を見たものも、やはり如実に加齢変化をとりやすい。オーラル・ディアドコ（滑舌の低下）も、データは悪くなりやすい。舌圧というベロを上あごに押し付ける力も、非常に加齢変化で弱々しくなってきます。

ちなみに、ベロ（舌）の厚みも測定しました。これも加齢変化をとるようでしたが、先ほど述べた項目ほどではなかったです。

新田　戸原先生、歯科のほうで口腔における加齢変化でこれ以外に何かありますか？

戸原　飯島先生方の結果のように、舌の厚みが加齢変化で減っているという報告が他の施設からも出ているようです。

新田　柏スタディーのデータを振り返っていかがでしょうか?

飯島　舌厚に関しては、安定して測定することがやや難しいのかなと思っています。きっちり精度高く測定してみると、やはり私のコホート研究においても舌厚は加齢変化を示しているようです。これは今、共同研究をやっている歯科の先生方がまとめてくださっています。

「三位一体」が医学概念を変える

運動だけでサルコペニアは防げない

新田　サルコペニアと社会運動、そして食べることが強く関連するというデータがここにあります（図2-6が「サルコペニアと強く関連」）。これは、どのように見たらいいのでしょうか?

飯島　「柏スタディー」は進行中ですから、きちんと解析してどういう結果が出るのかについては、まだわかりません。けれども、基本的にはこれを戦略研究として位置づけています。つまり、「しっかり運動しよう」「しっかり噛んで、しっかり食べよう」「社会性を高く保とう」というこの三位一体を、もう一回、国民運動論に引き上げたい。そこに、学術的なエビデンスをきちんとつけたい、というのが「柏スタディー」のねらいだからです。

この三位一体というときに、たとえば「大きな病院の内科を受診して、採血してもらうと、こういうことがわかります」では、国民運動論にはなりません。健康オタクが行くだけです。ですから、裾野を広げるためには、シンプルにしていくしかないのです。シンプルで切れ味がいいものとは何だろうか……。たとえば栄養は、細かく言えば食と口腔機能です。これをシンプルかつ切れ味よく、ということで考えるわけです。

この「柏スタディー」で、運動では「一回三〇分以上の汗をかく運動を週二日以上、一年以上実施している」について〇×をつける、栄養（食・口腔）では「ほとんど毎日四食品群以上食べている、かつさきいか・たくあんくらいの固さの食べ物がかめる」について〇×をつける、社会参加として「サークルや団体などの組織・会に二つ以上入っている」について〇×をつける、ということでやってみました。すると、すべてが「〇」の人をベースとしたとき、すべて「×」の人は三・五倍近くサルコペニアの頻度が高く、この真ん中くらいの〇の

図2-6 三位一体[栄養(食・口腔)・運動・社会参加]がサルコペニアと強く関連

(二項ロジスティック回帰分析)

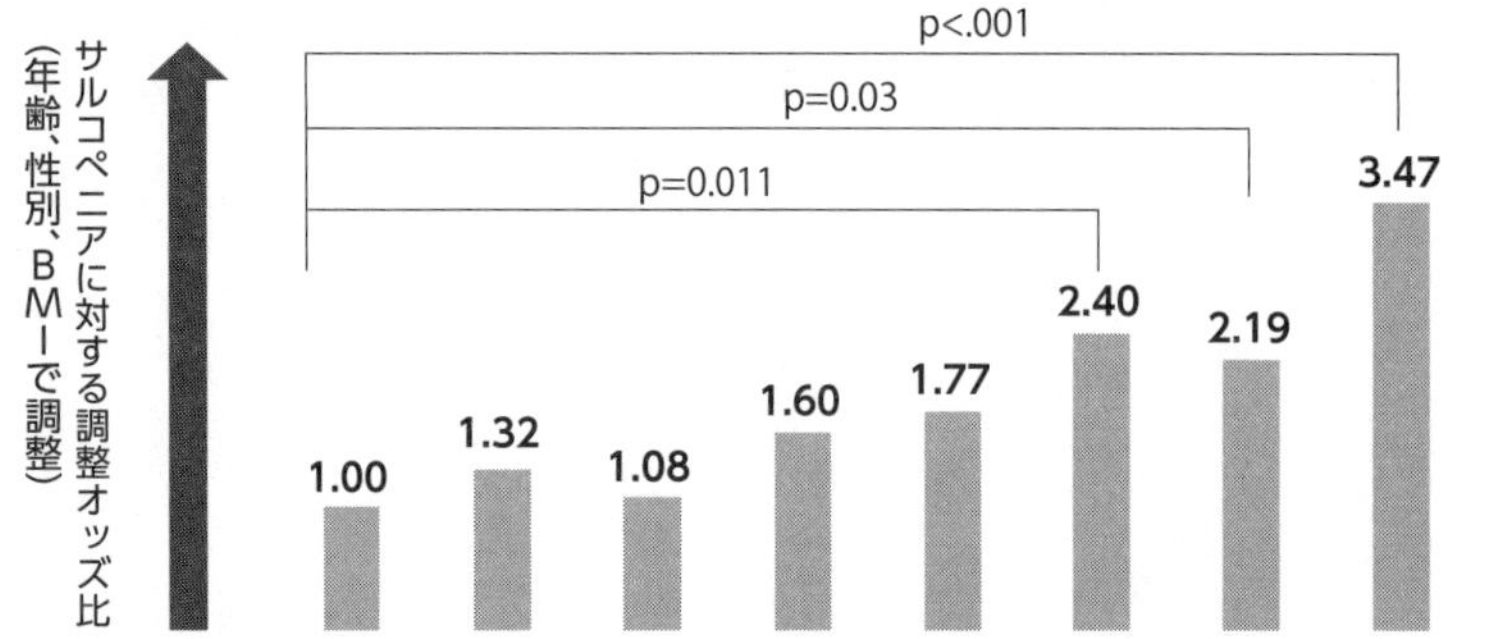

運動	○	○	○	○	×	×	×	×
栄養(食・口腔)	○	○	×	×	○	○	×	×
社会参加	○	×	○	×	○	×	○	×

【運動】○:1回30分以上の汗をかく運動を週2日以上、1年以上実施している
【栄養(食・口腔)】○:ほとんど毎日4食品群以上食べているか、さきいか・たくあんぐらいの固さの食べ物が噛める
【社会参加】○:サークルや団体などの組織・会に2つ以上入っている (n=1151)

東京大学 高齢社会総合研究機構・飯島勝矢ら 厚生労働科学研究費補助金(長寿科学総合研究事業)
(H26年度データより:未発表)

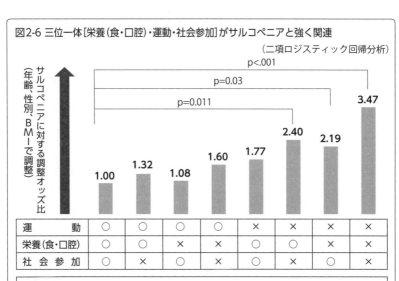

ついている方は中くらいのオッズ比であった、という結果でした。

基本的にオール×になっていけばオッズ比が高くなるというのは、サルコペニアだけでなく、ロコモの傾向かどうか、うつ傾向がどれだけ高いのかどうか、さらには転倒リスクが高いのかどうかということも、オッズ比は変わるものの、だいたいこのパターンになっています。

もちろん、この四つの質問がすべてとは思いませんが、シンプルなものだけでもそれなりのリスクに立たされている、いわゆるアットリスク（at Risk）の方々は、なんとなくわかってきます。

新田 これはとても面白い図だと思います。いま市民のなかで間違っているのは、運動だけすればいいという理解が広がっていることだと思います。三位一体論で、ここに栄養（食と口腔）と社会参加が入っているのが、これまでとまったく違う話です。おそらくいまの六五歳以上の人は、運動さえ何かやっていれば何となく最期まで元気に生きるだろうと思っているし、医師たちもそうではないでしょうか。

飯島 そうですね。

メタボと「BMIパラドックス」

新田 私たちは医療者として、メタボ（メタボリック・シンドローム：内臓脂肪型肥満に加え、高血糖、高血圧、脂質異常症の二つ以上を合併した状態）という問題をずっとやってきました。高齢になってみなさんよくメタボという問題を頭に入れていますが、そこには栄養（食と口腔）についてほとんど何も入っていないと思います。そこはどう考えますか？

飯島 市民目線のフレイルの視点、衰え始めに気づく視点とは何か。それを出すのが「柏スタディー」だったわけですけれども、ひとことで言えば、メタボ概念からどう脱却するのかということです。

ただ、七〇歳を越えたらもうメタボを忘れてもいいとか、七五歳で後期高齢になったらもういいという、単なる暦年齢だけを基準にすると、あまりにも医学的な視点がなさ過ぎます。どういう方に「しっかり食べましょう」と強く唱え、どういう方に「まだまだ厳格に管理していきましょう」と言うのか、そのメリハリ、道しるべを探りたかったわけです。「指輪っかテスト」もしかりです。

メタボの脱却ということでは、私は一〇年ほど前に、高齢糖尿病の患者さんのスタディーで「J-EDIT研究」という研究をやりました。全員が高齢の糖尿病患者です。当然ですがその方々は、メタボに入る方々とメタボではない方々に分かれます。普通、メタボはカロリーオーバー、食べ過ぎと言われています。

けれども我々の「J-EDIT研究」では、メタボと非メタボで食べているカロリーはほとんど同じだったという結果が出ました。違ったのは、普段の生活のフィジカル・アクティビティ（身体活動量）だったのです。しかもそのフィジカル・アクティビティは、スポーツジムに行って〝キュッキュッ〟と筋トレをやっているのではなくて、たとえば炊事、洗濯という諸々の日常生活をいかにコンスタントに日課としてやっているかということでした。ヒントは比較的身近にあったわけです。

ですからある論文を書いて、ただ採血データで厳格に管理するのがお医者さんの仕事ではなくて、たとえば「今日もちゃんと日課やってきたの？」とか「楽しく食べてるの？」とか、そういう原点的なところを見逃していないか、というメッセージを出しました。

新田　つまり、メタボなどの概念をちょっと置いておいて、いつまでも楽しく食べてもらうということですね。そのときに、たとえば糖尿病、高脂血症、高血圧等の人たちには、具体的にどのようにしたらいいでしょうか？

飯島　「強くしっかり噛んで、たくさん食べてよい」というメッセージを運動論にしたいわけですが、のべつ幕なし誰にでもかどうかは、デリケートに進めなければいけません。いわゆる脳心血管病の、脳卒中や心筋梗塞も含めた個々のリスク管理を厳格にすべき集団を捉えるには、市民サポーターの力だけでは無理で、やはりお医者さん歯医者さんという医療専門職のジャッジメントが必要です。そこは臓器障害も含めて、個々のリスク管理をどれだけ厳格にやるか、ということになってきます。

ただ、厳格にやることによって、さらにこのサルコペニアも含めた方向に行ってしまうのではないかというリスクもありますから、ドクター陣にはその目利きが求められてきます。いわゆる採血データ（ラボデータ）が依存的に行きすぎないで、もう少しフレイルの機能論をバランスよく見る必要がありま す。その上で「この方はフレイルの要素を差し引いたとしても糖尿病を厳格にやるべきだ。やはり食べたいだけ食べてはダメだ」とコメントするのか、「糖尿病をしっかり管理してき

図 2-7 BMIパラドックス

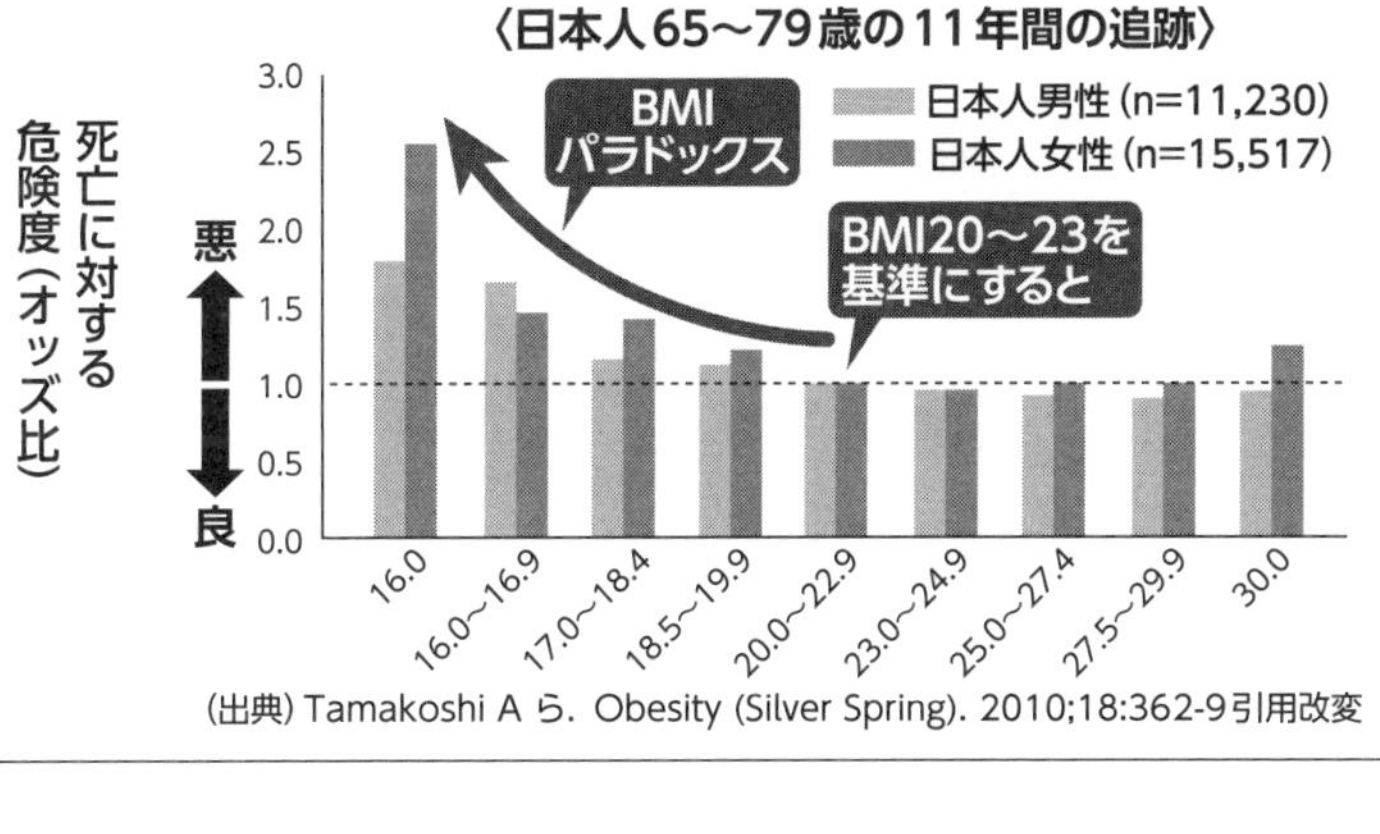

（出典）Tamakoshi A ら. Obesity (Silver Spring). 2010;18:362-9引用改変

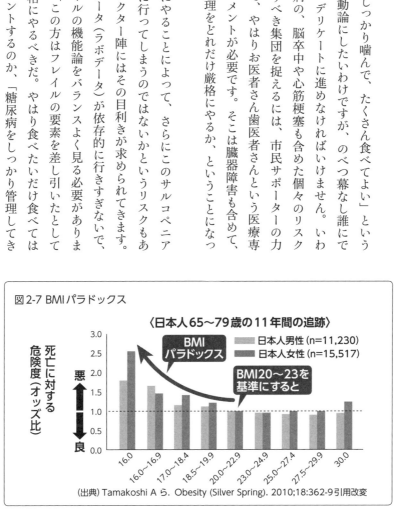

たけれども、大分フレイルの要素が強くなってきた。ここはもう少し基準を緩めて、もう少し幅広く食べよう」と指導するのか、そこは専門職の出番、目利きの具合になってくるのではないかと思います。

新田　これまでＢＭＩ（肥満度を示す体格指数。体重kg÷（身長m）²で求める）が23・5以上の方をすごく重要視してきました。これからは19以下をきちんと診ていかなければいけないということになりますね。

飯島　私自身は「ＢＭＩパラドックス」という言葉でよく言っています。ショッキングなあるデータをお示ししましょう（図2-7）。ＢＭＩはメタボ概念からでてきたもので、いわゆる肥満がいけない、数字が高ければ悪いということが、国民運動論で根づいてきました。

ただ高齢者のデータを見ると、少し太り気味というのは決して死亡率が上がるわけではなくて、むしろ痩せているほうが亡くなりやすい。ただそれが、がんだから痩せているのか、痩せているからがんになりやすいのか、いろいろあります。けれどもある一側面で、どんな国のデータでも、ＢＭＩが低く痩せた方のほうが亡くなりやすいということになるのでしょう。

このように、従来のＢＭＩの考え方とは逆だから「ＢＭＩパラドックス」ということです。

新田　先ほどのサルコペニアとつながってきます。いわばすべての医学概念を変えようという、センセーショナルなことですね。

よりシビアな段階での医師、歯科医師、栄養士の連携

シビアな・フレイルにどう対応するのか

新田　第一段階、第二段階のフレイルを経てさまざまな脳卒中などの病気で嚥下障害を起こして虚弱になっていく段階、虚弱から身体障害になったときに、私たちはどう対応するのかという、そこに話を進めましょう。

飯島　前半は主に予防の話をしてきましたが、とは言ってもある程度の割合でシビア・フレイルに傾いていってしまうことは事実です。当然、その方々に少しでも早く介入すべきです。

それこそチューブ・フィーディングというスタイルを、軽率に早く導入してしまうのではなく、なるべく口から食べるという人間の本能あるいは楽しみの根源に、介護者も含めた多職種がどれだけこだわるのか。実際に、高齢者が多く入る病院や老健施設などの施設系でインタビューしたりアンケートを取ると、みんな楽しみの一番は食べることだと言っています。改めて、そこにどれだけギア・チェンジをしてこだわるのか、ということだと思います。

新田　戸原先生の研究で、結果としてチューブ・フィーディング等をされた人たちも、実際には八割くらいが食べられたというデータがありましたね。

飯島　それはショッキングですね。

戸原　胃ろうの患者さんについての調査をやっていた時期があ

りました。そのとき、全員が食事までいけるかというところまではさすがに追えていないのですが、胃ろうで口から食べていない人でもしっかり評価すると、八割くらいの人が口から誤嚥せずに食べられる、という結果がありました。

嚥下障害は基本、脳卒中後が多いと思います。脳卒中の急性期に出ている嚥下障害は、急性期だからという意味の障害であって、それが喉やその周辺の筋肉に遷延するマヒを起こすとは必ずしも言えないことがなかなか理解されないまま、「いまうまく食べられないから、チューブ・フィーディングのまま帰りましょう」となることがすごく多いのだと思います。

新田　そこで一つ気になっているのがリハビリの問題です。身体機能のリハビリ等の問題が言われるなかで、口腔リハという話があります。脳卒中以外の高齢者で、だんだん虚弱になって身体障害になった人たちが、食べられるということがもし仮にあったとして、そこに口腔リハはどれくらい有効でしょうか？

戸原　廃用やサルコペニアで、たとえば身体機能的に拘縮が進んで手も足も動かせないレベルだと、かなり厳しいですね。そこまでいってしまうと、少なからず首から上も固まってしまっていて、その首の位置では飲み込めないだろうという状態ですから、手を差しのべたくても、もはや何もできないという方は、確かにいらっしゃいます。

新田　すると医療者はそこまでで、その後は口腔ケアでいくという話ですね。口腔リハはその前の段階できちんと行うべきという話になります。そこと栄養との関係はどうでしょうか？

医者側が口に興味をもって専門家につなぐ

飯島　まず根本的には、私自身も医師ですが、医者側がもう少し口に興味をもたないとダメですね。多職種でないとこの摂食嚥下、口腔機能の解決は無理なので、まず医師が興味をもって自分なりに診て、早めに専門家につなぐことだと思います。歯科、口腔の専門家につなぐのは当然ですが、管理栄養士などにもつなぐことが必要で、それがより円滑に、少しでも早い段階からやられれば、まだまだリハビリの効果は出るのではないかと思います。

柏市は予防についてもいっしょに考えてくれましたが、よりケアのレベルの高い方々には、柏市の歯科医師会が精力的に、簡単な「口腔チェックシート」をつくり上げてきました。これは医師、歯科医師だけでなく、病棟の看護師をはじめ多職種コ・メディカルも気軽にチェックして、「何個以上になったら、なるべく早めに、歯科・口腔センターに一本電話くださいね」と言えるものです。それは柏市内でずいぶん使われるようになりました。これからの柏市の課題は、それによってどれだけ底上げされてきたかという、きちんとしたエビデンスをどれだけ出せるか、ということではないかと思っています。

摂食嚥下、口腔ケアの地域システムに

新田　いわば歯科につないで、歯科も含めて摂食嚥下評価がきちんとできて、きちんと口腔ケアとリハをして、栄養管理ができるという、その地域システムですね。

飯島　いわゆる「脳卒中パス」などのような「摂食嚥下、口腔ケアパス」のイメージです。

新田　私たちの多摩・立川地域でもかなりやろうとしていますが、他はどうですか？

戸原　たとえば立川のほうは、窓口を決めてそこに依頼があったら……という形です。柏にもセンターが

あるので、情報を集約できる場所という意味では、そこが共通点かと思います。しかし、センターがないところもあるはずですから、そういうところでどうするのかは、考えないといけないし、モデルが必要かもしれません。

飯島　地域の歯科医師会か何かそういうセンターに、いわゆる窓口一本化をしようという動きにはなれないのでしょうか？

戸原　あるところもあります。

飯島　そのないところは、どうしてなのでしょう……。

戸原　センターはなくても、窓口だけは歯科医師会の事務員さんが受けて歯科医師会に振るというところはありますが、やはり、どこに連絡したらいいかがはっきりしないと、動きづらいのはあります。

新田　兵庫県の加古川市は、歯科医師会のなかにありますね。そこでの議論は、隣接する市には何もないという地域格差もあり、その隣の市に摂食嚥下障害の人がけっこう多くて「どこへ行ったらいいの」という疑問があるということで、地元の歯科医師会の人たちが困惑していました。

飯島　医科側が言うコメントではないかもしれませんが、地区歯科医師会がセンターという形であれ単なる窓口という形であれ、それをはっきりするように、国の方針にしてもいいかなと思いますけれども……。戸原先生は、摂食嚥下をより専門に診られる歯科医師を検索できるサイトをつくり、それがどんどん使われていると聞きました。それがもっと面展開されなければいけないと思います。また、単独の先生がポツポツと点でいるのではなく、やはり歯科医師会単位くらいの集合体で、この市はこの歯科医師会がそれを守る、というような色合いも出してほしいと思います。

戸原　そこで思うのは、歯科医師会の先生でがんばっているグループもいくつか知っているのですが、やはり行政の人にある程度関わってもらったほうがスムーズに連携できる気がします。
新田　そもそも、摂食嚥下をきちんと診られる歯科医師がどこまでいるかと言うと、何割くらいですか?
戸原　いや、「割」で言っていいのかわからないですね。
新田　そこですね。その状況は理解していますが、歯科医師は摂食嚥下等の機能に対してはまだまだダメですね。
戸原　全然です。これからだと思います。
飯島　そういう意味でも全職種、一般の介護者の方々も含め、まずは医師が口のことに関心を示してつなぐということと、歯科医師がもう少し摂食嚥下のことに関して自分のサブ・スペシャリティにしてもらうという底上げ、そこにやはり、気の利いたコメントができる管理栄養士が増えてほしい。その三職種がまず急務でしょう。

フレイル予防の国民運動をどうつくるのか

国民運動論の〝ツボどころ〟

新田　ここまでフレイルの段階に沿って話してきましたが、三位一体をきちんと国民運動論にすることが重要だというお話でした。飯島先生はなぜそういう気持ちになったのですか?
飯島　医療関係者が動いているだけではムーブメントにならないだろう、と思ったからです。では、私たちがひとことさらりと言えば、国民、市民が意識変容、行動変容まで起こすのか、というのもきっと無理だろうと思います。やはり国民、市民の〝ツボどころ〟があると思っているのです。そこにストンと落ちるものがなければ国民自身は変わらないと思っていて、そのためにはシンプルかつキャッチーでなければならないと思うのです。

私は、市民が資料を一枚胸にしのばせて、家に帰って自分でやって「えっ、やばい」などと思う、その簡単な評価方法とカットオフにこだわりました。その最たるものが「指輪っかテスト」です。そのテストだけでは単なるおままごとですが、そのバックボーンとしてきちんとした学術的データをつけるわけです。ですから「指輪っか」の三類比較でも明らかに指が届かない人、すなわち身の丈に応じた自分の指のものさしで囲んだとき、ふくらはぎがしっかりと太い方々は口腔データがよく、グスグスでふくらはぎが細い方は口腔機能も低くなります。また、ふくらはぎがしっかりしている人は共食、家族や友だちなど、とにかく複数で食事をしている人が多い、という傾向も見られました。

そういうふうに、いかにキャッチーで簡単で、けれどもそこにメッセージ性があって、覚えて家でこっそりやりたくなる、そこが一つのカギではないかと思います。

国民運動論という意味では、メタボは国民運動論になりました。うちの子どもも、電車のなかで、大きなビール腹の人を見れば「あのおじさんメタボじゃないの」と言えてしまいます。メタボの診断基準を知らなくても簡単に言えるのは、とにかく腹回りが大きいことをまず診断基準の入り口にしたからです。だから国民運動論になったのです。腹囲が八五センチなのか八四センチなのかは、はっきり言ってそこがポイントではないのかもしれません。

フレイルにおける腹回りが「指輪っかテスト」です。確定診断をつけるものではなく第一印象（すなわち見た目）ですから、グスグスだからと言って「絶対あなたはサルコペニア」と言い切れるものではありません。「サルコペニアぽいかもしれません。でもサルコペニアという言葉は知らなかったでしょ。この際、サルコっていう三文字でいいから覚えて帰ってください。この資料に栄養に気をつけるものが書いてありますから」と説明するための入り口なのです。

「パタカ」というオーラル・ディアドコキネシスを意図的に入れているのも、歯医者さんに見てもらわなくても市民サポーターが計れるようにするためです（図2-8）。一応、六回とカットオフを決めて、それを下回るとそれなりにサルコペニアの頻度は増えるという指標にしています。もともとサルコペニアでなくても、二年、三年と追跡していくと、そういうふうに比率が高くなっていきます。

これには演出効果もあって、計られている側が楽しいのです。たとえば「タ」を「タタタタ……」と言ったときに「あ、ちょっといま、唾液が少なかったのでもう一回やらせてください」とか、「これ、何を見てるんですか？」「それは後ほどみんなで答え合わせ」などと、エンターテイメント性があります。サルコペニアかどうかに握力はとても重要ですが、握力を計っても「楽しかった」という人はこの世にいません。「パタカ」で楽しみなが

図2-8 巧緻性（オーラルディアドコ）とサルコペニア

お口の器用さを調べます
5秒間、なるべくたくさん発音してください。途中で息継ぎをしてもよいです

(パ) パ、パ、パ、パ…
(タ) タ、タ、タ、タ…
(カ) カ、カ、カ、カ…

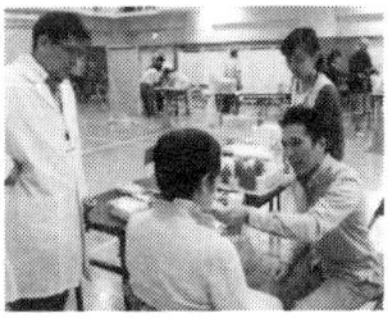

【カットオフ：6回/秒未満】

・サルコペニアに対する調整オッズ比
⇒1.80（1.2-2.6）,P<.001

・サルコペニア新規発症に対する調整ハザード比
⇒2.08（1.1-3.9）,P=0.023

東京大学 高齢社会総合研究機構・飯島勝矢ら 厚生労働科学研究費補助金（長寿科学総合研究事業）（H26年度データより：未発表）

ら「あ、筋肉の衰えを言っていたのか」と理解してもらう、これもそのための入り口です

このあたりが〝ツボどころ〟だと思います。こうしてより上流は市民サポーターがさばき、私たち専門職や栄養士さんなどは、もう少し後半戦のステージの方々に、どれだけ手厚くやれるかということだと思います。

これからの課題でもありますが、その出し方、情報の落とし方も重要です。そこには当然、企業の力も使わなければいけないし、専門職、歯で言えば日本歯科医師会の力も借りなければいけません。医者もがんばらなければいけないし、栄養士さんももっともっとがんばらないといけません。だからオールの話です。

このようにして、ある程度の年齢になってきたら、自分のためにもっとしっかり食べないといけないということを、国民誰もが何となくわかっているというところに引き上げないと、このフレイルにブレーキがかからないと考えています。すなわち、フレイル予防はまさに「まちづくり」なのです。

アカデミアから地域へ

新田　国民運動論について、もう少し掘り下げましょう。まず、アカデミア（研究者）がずっと研究してきたことが、実際の市民運動になり、行政と結びついて次の社会をつくるようなものになってきたか、という問題です。おそらく大学ではこれまで、できていませんでした。戸原先生も口腔の摂食嚥下障害について大学の立場で地域に広げてきたわけですが、まずその苦労話をしてください。

戸原　私は最初、本当に個人で始めました。大学ではできませんでしたから、アルバイト先で「嚥下の内視鏡評価をやらせてほしい」と頼んだのです。それで、個人の単位では何となくうまくいくようになってきましたが、それだと先に進めませんでした。私は大学人という立場ではなく一開業医のただのアルバイトでし

たから、たとえば「この人、本当は食べられると思うのですが……」と言っても「あなた、何言ってるの」という感じでした。
それでも続けていたら、そのアルバイト先が松戸で在宅医療が進みつつある地域だったので、少しずつうまくいき始めたという状況でした。

新田　「一開業医」というのは、大学のアカデミー枠ではなく地域の枠のなかで始めたということですね。そしてそこが、たまたま松戸の診療所の在宅のグループだったと……。

戸原　そうです。その後、大学に持ち帰ってその仕事を細々とやり始めました。それから大学内で、歯学部のなかだけですが、口腔外科の舌や咽頭の手術後で嚥下障害の方が回ってくるようにはなりました。ただ、もちろんそれも大事な仕事ですけれど、総量として多い、たとえば脳卒中後や廃用、それから訪問診療など、できればそっちを生かしていきたかったのです。
その後、日本大学に移ってから、やりやすくなってきました。それまでは、どちらかと言うと私が勝手にやっているだけで、あまり広がりませんでした。日本大学には「そういう仕事をしてほしい」と呼んでいただいたからです。そこから、患者さんは地域からスムーズにつながるようになってきました。

新田　矢澤さん、その違いは大学の問題ですか？

矢澤　簡単に言えば教授ですね。日大は植田耕一郎先生だからよかったと……。

新田　その時点ではまだアカデミアの枠を超えていませんが、そこから地域へというときに、矢澤さんたちのような行政と結びついたわけですね。

戸原　そうです。それも完全に偶然でした。私の後輩に「いい先生がいるから一回会ってくれ」と言われて矢澤先生とお会いしました。とにかく私の臨床を見てもらわないことには始まらないだろうと思って「見に来てもらえませんか」と言ったら、快く見に来てくださって、「これだったら、もうちょっと広げられるんじゃないか」と、東京都と多摩・立川地域で事業の話をもらって始められたわけです。

新田　矢澤さんは最初どう思ったのですか？

矢澤　地域で在宅を中心とした摂食嚥下機能支援をしようとしたのですが、科学的な評価のものさしがないことに気づいて、とても困っていたのです。病院で評価をすればいいかというと、病院には在宅は届かないし、在宅でどうやって評価をするかと悩んでいたときに、そういうエビデンスをもった戸原先生の具体的な取り組みを見たわけです。これはうちの地域で使える、導入しようと考えて、早速それを取り入れたということです（この取り組みの詳細は新田國夫・戸原玄・矢澤正人編著『食べることの意味を問い直す』クリエイツかもがわ、2014を参照）。

新田　飯島先生は、同じようにアカデミアのなかから、柏プロジェクト――もともとは在宅医療プロジェクトだったと思いますが――に出て、そのなかで「フレイル」という当時あまりわからなかった概念を考えていくわけですね。その過程を振り返ってみてください。

飯島　まず、地方大学は地域医療としっかりとつながっていなければならない必然性があるにしても、コミュニティーや目の前のフィールドとどこまでつながっているのかというと、微妙です。こと都内の大学だと、大学側が積極的・意図的に地域を見ようとしなくても自然に患者が集まる傾向にあります。私も医学部にいたときは、目の前のことも忙しいし研究も勢いに乗って論文も書けますから、あえて地域を見なくても話は動いていました。

けれども一歩、老年医学から老年学というところに出てみると、別の世界の広さに気がつきます。自戒の念も込めてこれからどうするのかと考えたときに、もう一回り、大学側が地域に自ら握手を求めるスタイルが必要だと思いました。

柏プロジェクトは、具体的に言えば在宅医療、介護連携のところから始まったものです。けれども改めて考えてみると結局、在宅になっている重度の要介護の人たちの一歩も二歩も手前には、中くらいのフレイル、もっとマイルドなフレイル、さらにはプレフレイル（前虚弱）の「ちょっと疲れやすいんだけど……」「腰が曲がってきちゃってさ……」というくらいの方々がたくさんいるわけです。

やはりシビア・フレイルに進めば進むほど、状態は元に戻りません。現状維持がやっとです。本当に予防をめざすなら、もう一段も二段も川上に上がるしかないと考えたのです。

新田　その発想は、理論構築としてですか？　それとも現場の在宅あるいは地域を見てですか？

飯島　両方です。なぜかと言うと、大きな病院の閉鎖空間の中にいる医療人が、改めて柏プロジェクトを通じてコミュニティーに出て、街を歩いたり行政の人と話し合うようになると、在宅までいかない一歩も二歩も手前の人たちと接することになります。

つまり、図2-9で身体機能障害の人たちが在宅とすると、プレフレイル、健康（剛健）あたりの人と初めて触れ合うのです。大学人は在宅の人をあまり診ていないにしても、大学病院に来てくれるシビア・フレイルの患者さんはたくさん診ています。しかし、それより前段階の人たちとは接しない。こういう方々は病院に来ないからです。

　私はその人たちに接して、もっと前の段階にウイングを広げないといけない、と思ったのです。この一連の連続性に、大学人は頭でわかっていても肌で感じていないので、わからないのです。

新田　アカデミーは図のフレイ

図2-9「プレフレイル（前虚弱）」から始める予防重視型システム
《フレイル予防のための市民サポーター活用》

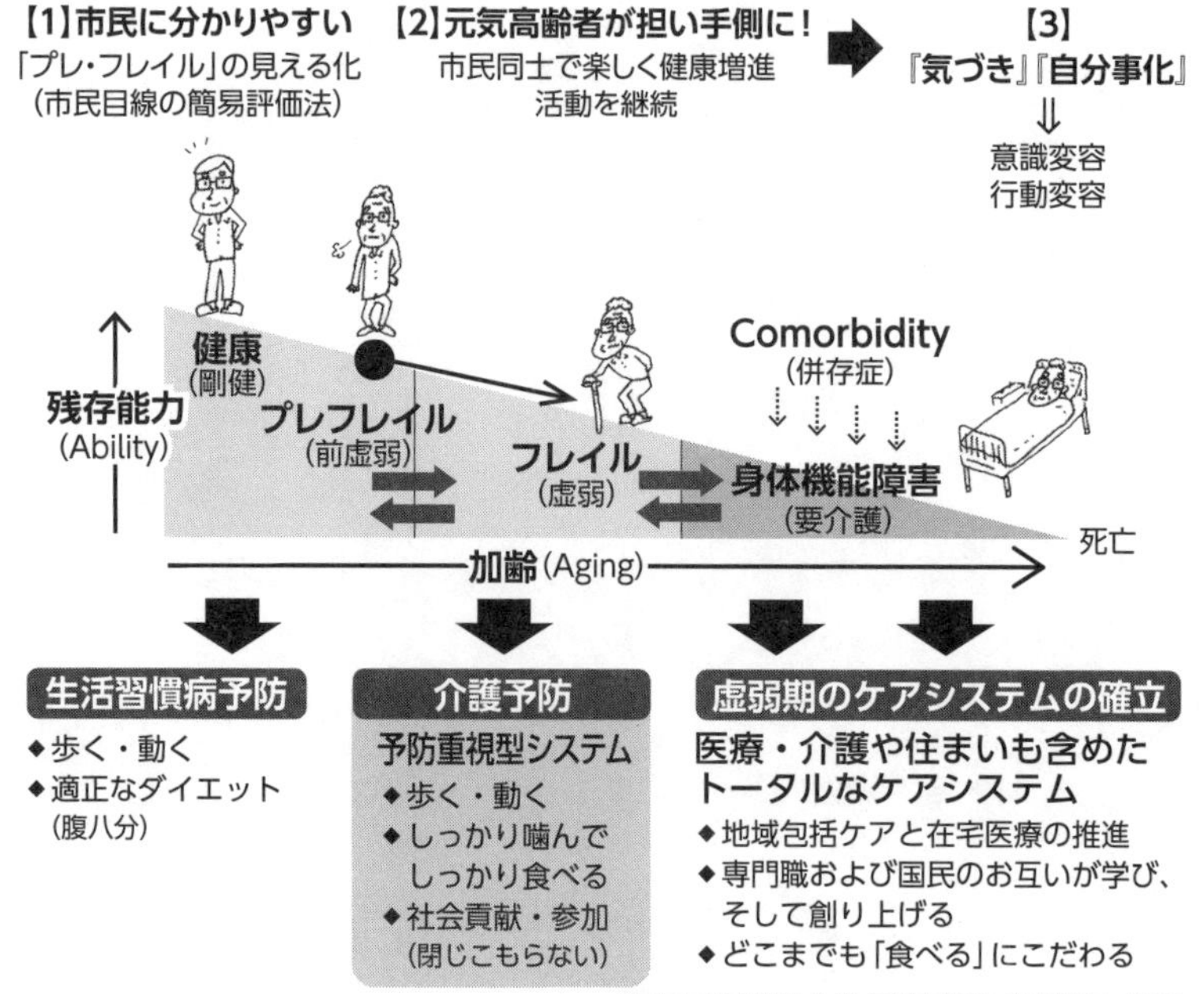

（東京大学高齢社会総合研究機構・飯島勝矢：作図）

ルのところを診ていて、プレフレイルやノーフレイルのところを診ることがなかなかない。飯島先生は、アカデミアの立場で地域に入ったおかげで、このボリューム感が出てきたと……。

飯島　しかも、予防するならここだろうという勝負どころです。私自身はもともとシビア・フレイルの人たちのところで勝負していたので、両方にウイングを広げないといけないと思ったのです。

ノーフレイルの人たちに目を向ける重要性を考えると、身体機能障害にギリギリのシビア・フレイルの人は、ハッキリ言ってもうノーフレイルには戻らないのです。しかしプレフレイルに近いフレイルの人は図上で言えば一センチ戻れる可能性があります。さらにプレフレイルの人は同じく三センチ戻れる可能性があります。これはおそらく間違いないと思います。

新田　おそらくアカデミーはこれまで、還元されないものをやってきたのですね。それは、市民目線でなかったからです。医療者目線で、医師に対する理論構築でエビデンスをつくってきた。飯島先生の新しいこのフレイルという発想は、あくまでも市民にわかりやすく、市民に理解してもらうという、そこが大きな違いだと思います。

飯島　市民にわかりやすい表現形の背後は、エビデンスで裏付けされているということです。

医療の世界でよく言われる「Bench-to-Bedside」という言葉があります。「ベンチ」とは基礎研究です。たとえばｉＰＳ細胞の研究なども、ベッドに横たわる患者さんの病気のためだということで、これは絶大なる言葉です。けれども、いまはもうそれでも足りなくて、おそらく「Bench-to-Field」にしないといけないと思います。

そこには、わかりやすく表現形を演出する作業が必要になってきます。「Bench-to-Bedside」だけなら、所詮は医者だけの世界ですが、それが「to-Field」になると、市民同士でできる評価方法は何だろうとか、市民サポーターだけで評価できる測定の仕方は何だろうと、そういう視点が入ってこざるを得ない。そういうポリシーでやってきたということです。

フレイルカーブと摂食嚥下

矢澤　この話は、摂食嚥下でも同じですか？

飯島　摂食嚥下におけるフレイルのあたりは専門外ですし、プレフレイルのあたりもどこまで戻せるかは歯科医でないからわかりませんが、やはりプレフレイルのあたりでオーラル・フレイルを意識して、それなりに噛んでしっかり食べることを動機づけることは意義があると信じて、いまオーラル・フレイルの活動もやっているわけです。

新田　飯島先生のフレイルカーブをなぞって摂食嚥下がどうなのかという場合、戸原先生はどの段階の摂食嚥下機能評価を一番問題にしていたのですか？

戸原　基本はやはり、一番重い身体機能障害の人ばかり回ってくるわけです。ただ、体が動かなくてもやりようによっては食べられるようになる人も少なくなくて、環境設定でなんとかなったりはします。とはいえこのあたりの人は、食べられるようになったとしても歩けるようになる人ではないので、フレイルやノーフレイルにまで戻ることは、そんなにないと思います。

フレイルあたりの人は、確かにちょっと戻すのはあり得る気がします。たとえば、手を支えれば移乗程度

はできる人だったら、食べられるようになることで、患者さんにとっても家族にとってもやる気が出ます。何か作って食べさせて「おいしい」でも「まずい」でも言えば、コミュニケーションにもなります。実際この効果だけではなく介入効果という意味も多分に含まれると思いますが、フレイルの人がノーフレイルまで戻る経験はなかなかないものの、うまくいくとプレフレイルとの間の推移はあると思います。

また別途、プレフレイルの人でイメージすると、以前ある病院の外来で嚥下の評価をやっているときに、歩いて外来に来て「最近むせる」と言った人がいました。その人はADL的には普通ですけれども、見るからにすごく痩せてさらに球麻痺を疑うほど嚥下が悪い人がまれにいます。こういう、ADL的には大丈夫でもサルコペニアで嚥下もやられているという人は意外に戻しづらく、体は動けているけれども、食べられるようにはなりません。

飯島　身体機能障害の時期は当然介護期なので、栄養管理を多職種でどう守ってあげるのか、ということがあ

図2-10『食べる』にこだわる！

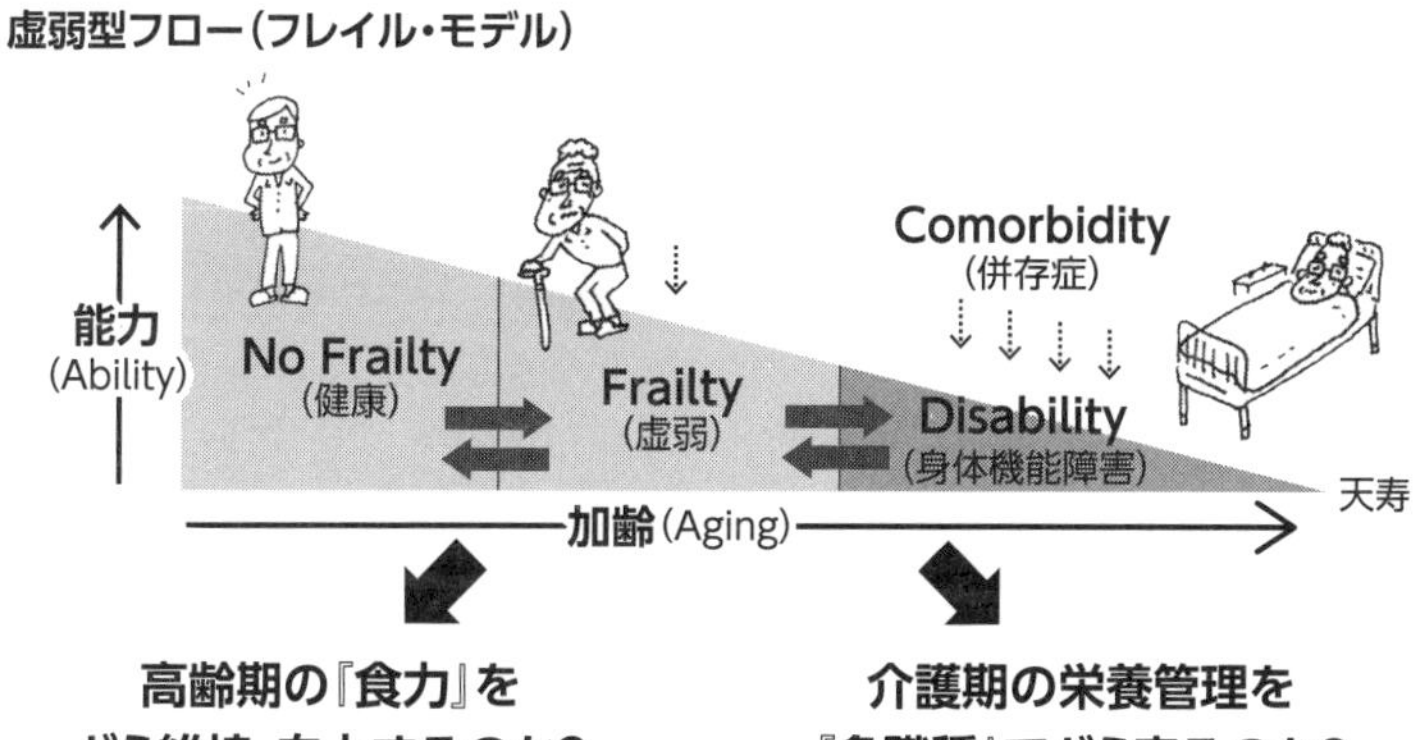
どう維持・向上するのか？
『多職種』でどう守るのか？

（東京大学高齢社会総合研究機構・飯島勝矢：作図）

ります（図2-10）。また当然これはグラデーションなので明確な区切りがあるわけではなく、フレイルあたりは専門職がアシストしながら、だけど本人たちを意識させる部分もあるでしょう。最上流のノーフレイルのほうは、高齢期の食べる力はどういうことで下支えされているのかという、本人も専門職も再認識した上で支援するところから入るのかなと思います。だから当然、歯の数だけで決まらないわけですね。

ヘルスリテラシーの重要性

矢澤　いま、個食の人たちを集めてみんなで食事をするグループにたくさん介入しています。そこで、「むせますか」「体重が減りましたか」「固いものは食べにくいですか」など、七〜一五項目のリストを渡してチェックしてもらうのです。一、二項目チェックする人がいます。しかしその人たちは、相談窓口を紹介してもあまり行かない。実際に我々が何か介入しようとしてもなかなかつながらないのです。このような一つ二つの症状がある人は、どのあたりに位置するのですか？

飯島　ノーフレイルでしょう。自覚症状で言えば、たとえば内科系の話だと「高血圧もっているけど」くらいでしょうか。

チェックリストで、本人たちも「ああ、私一個だわ」「私は三個だわ」となったらそこからが大きな課題です。私の研究のポイントの一つは、ヘルスリテラシー（自分の健康に関する興味、および目の前の健康情報を自分に照らし合わせようとする能力）の高さでかなりの思考力が決まってくることです。内科面のヘルスリテラシーもあるし、口に対するオーラル・ヘルスリテラシーもあります。

たとえば、市役所に寄ったときに「来月こんな活動があるんだ、へえ〜」とチラシを一枚取って、家に帰って「日程空いてた。参加しよう」と考えていく能力、それがヘルスリテラシーです。

新田　興味と情報処理能力ですね。

飯島　昔から「歯はインテリジェンスを表す」と言われていますが、それは当たっていると思います。やはりインテリジェンスの高い人は、ナントカ大学を出たのではない。結局、インテリジェンスはヘルスリテラシーの高さを言っていて、そういう人は「最近、何回かしみるから歯科医院に行かなきゃ」と思える。その時点で、川上の段階でたたかっているわけです。「まあいいか、腫れてないし……」と思ってしまう人と、そこで分かれてしまうのです。そういう意味ではヘルスリテラシー、特にオーラル・ヘルスリテラシーは非常に大きいと思います。

矢澤　チェックリストで自己チェックすると、たくさんの症状が該当する方がいらっしゃいます。それまでご家族も気づきませんでしたが、これは危険だと嚥下評価をお願いしました。だから、そうなってくれると対応できるけれども、そういう人は極めてまれで、チェックしてもほとんどは動かないですよね。それはヘルスリテラシーが低いと思ったほうがいいのですか？

飯島　低い方もいますが、ヘルスリテラシーを高め支援できる表現になっていないということもあるかと思います。

市民理解を広げるために

新田　そうすると次に、市民理解や認識度ということが最大の問題になってきます。そこは飯島先生、次はどう考えましたか？

飯島　まず、エビデンス構築をしたり評価をしたり、さらなる解析をしたりという強みをもっているのは、やはり研究側だと思います。これからはこの研究側と、生データの宝庫としてのフィールドとの二人三脚が求められるだろうと思います。「Bench-to-Field」そして「Field-to-Bench」ということです。

つまり、これまで大学病院は外来患者さんや入院患者さんのデータを山ほど扱ってきたけれど、これからはフィールドのビッグデータでものごとを語っていかないといけない。そのためにフィールドとアカデミアは組むべきであると、フレイルを切り口にしてやっていったわけです。

もう一つ、国民の認識がどれくらいなのか――。私はここ数年、市民公開講座で話すことがよくあります。北海道から沖縄まで、何百人かのおじいちゃん、おばあちゃん方が集まります。そこで必ず冒頭にやることがあります。目をつぶってもらい、他の人を見ないよう「薄目禁物」と断って尋ねます。

「かかりつけの先生に相談はしてないけど、体重をもう二、三キロ痩せなきゃいけないかなと思っている人は、正直に手を挙げてください」

すると、北から南まで都会でも地方でも、必ず六割が手を挙げます。そして「本当にそうなのか」というところから、私は講演を始めるのです。私たち中年層はメタボになっていけないのは当たり前だから、体重を減らさなければいけないに決まっていますが、特に七〇歳以上になった高齢期に、本当に痩せなければいけないのか、よくよく考えたほうがいい……と。

「私は主治医じゃないから『もう痩せなくていい』と薄っぺらな言葉も言えません。だけど私の講演を聞いて、よくよく考えて主治医と相談してください」

それはつまり、メタボ概念の功罪です。メタボ概念は非常に普及して、ＢＭＩもみんな知っていて、ビール腹になってはいけないとみんなわかっています。それは、メタボが市民目線の運動論になったからです。お腹回りが大きければメタボなのだと……。

その視点が絶対に必要で、フレイルにおけるメタボのお腹回り、フレイルっぽいというのは何だろうと考え、それをフィールドで探そうとしたのです。

新田　在宅医療がこれまで、病院の常識を非常識だと医療概念を変えてきたのと同じように、飯島先生のいまの概念は、メタボも含めた我々が生きる常識を変える話ですね。逆に言うと、これまで構築されていた老年医学を、根本的に変える話でもありますね。

飯島　それが、先に話したメタボ概念からの脱却という言葉につながります。もちろん、メタボ概念から脱却すべきおじいちゃん、おばあちゃんもいれば、メタボ概念に準じて高血圧の厳格な管理、糖尿病の厳格な管理が必要なおじいちゃんもいるでしょう。そこの見極めは、おそらく日本中誰も答えられないと思います。私もまだ答えられません。けれども、何となく匂いをかぎ分けられるような振り分けが何なのか、それを見ていこうというのが柏スタディーなのです。

新田　在宅医療は病院の概念を変えるのに二〇年かかりました。フレイルは、かなり世の中の理解度が進んだと思えますが、その時間がすごく短いのはなぜでしょうか。

飯島　「虚弱」という漢字二文字はとてもネガティブな気持ちに

なるから、やはり「メタボ」「ロコモ」に続いて、カタカナで柔らかく表現しよう、おじいちゃん、おばあちゃんでも、大学生、高校生でも言えるようにしよう、というのが「フレイル」でした。

医学界はとにかく、がん治療であっても心筋梗塞、脳卒中であっても、病気をピンポイントで見つけて叩いてきました。それがもうピークアウトしたわけではなく、まだまだ最先端はもうちょっと先にあるのかもしれませんが、何十年前のすごい勢いで開発されてくる時期はもう過ぎて、ほぼフラットに達してきていると思います。たとえば心筋梗塞の冠動脈ステントなども、私が医者になった頃はダイナミックに変わっていましたが、いまはもうマイナーチェンジでずっとやっているわけです。薬だってマイナーチェンジでやっています。その、もうだいぶ行き着いたかなというところと、「みんなもう歳を取ったんだから仕方がない」と言われていたところに「ついに踏み込む」という期待が、「フレイル」が思っていた以上にスッと入いっている理由だと思います。

新田　摂食嚥下の問題も、戸原先生がスターになるのは意外と早かったですね。二、三年でなっていくわけで、いまやそれが常識に変わりつつあります。その原因は何だと思いますか?

戸原　基本はとにかく、誰もやっていなかったということに尽きると思います。

新田　私は、やはり時代が要請したと思うのです。地域包括ケアの基本は、やはり高齢期の食力をどう維持して、戻らないフレイルではなく、戻るべきところで止めて、身体機能障害に陥らないということですから、最も求められることが一致したのだと思います。そして飯島先生が、見事にその概念構築をしたことは、やはり評価される話だと思います。

それを、行政に結びつけるのは、実は一番大変で難しいのですが、なぜ大変なのですか?

行政と結びつける

矢澤　たとえば戸原先生がやっていたことを、我々行政も地域でやりたいという思いがあって探していたのが一つあります。飯島先生は、柏など一つの新しい時代のモデルを開発しようとしているなかにピタッとはまられました。国という行政もあれば地方自治体の行政もあって、そこにはまっていくということでもある、と私は解釈しています。

そのときに行政側が、新しい概念や新しいエビデンスを取り込んで自分たちの行政の仕組みのなかに上手に入れるには、行政側の能力や、ものすごく前向きな姿勢が必要です。けれどもこれまでの行政は、国が決めたやり方をそのまま踏襲するというやり方でした。いろんなお金もついてきました。

そこに住民主体という概念が入ってくると、現実には「地域づくり」など非常に難しい要素がたくさん入ってきて、その自治体の職員の能力が問われる形になります。そうなると、地方自治体の職員はどうしたらそこまでやれるのか、ということになります。たとえば、保健所のような専門職集団が、公衆衛生という視点からもう少ししっかりと、先生方の仕事を地域に還元したり具現化するということを、本来はしなければいけないのですね。

新田　本来は公衆衛生ですね。では、なぜできない？

矢澤　厳しく言えば、公衆衛生の後退と言えるかもしれません。それは保健所の後退でもあるし、公衆衛生を担う医師・歯科医師の後退でもあるし、いろんな意味でこれからはもっと前に進まなければならないでしょう。いまの私たちの次の世代が与えられたものをこなす、新たなものを創造していくというハングリー精神をもっともたなければならない……ということが現実にあると思います。

新田　そうすると、その公衆衛生の担い手として代わるものはありますか？

矢澤　行政のなかには必ず二つのセクションがあり、たとえば健康づくりの部門と福祉の部門があります。これは一体だったらまだいいけれども、分かれていると当然縦割りです。本来はここをつないでいく役割を担う職種がいて、公衆衛生的思想を具現化していくことが大事なわけですけれども、このへんがまだ、縦割り行政といつも批判を受けるように、うまくいっていない自治体が多いのではないでしょうか。

今回の地域包括ケアを進めるとしたら、そのあたりの行政の体質変換や組織の問題や人材育成が問われてきています。公衆衛生分野で最も力を発揮できるのは保健師ですが、現在は、いま、言った課題を乗り越える方策として、統括保健師という考えがあって、さまざまな部署に分散配置された保健師を組織横断的に統括する保健師が出てきて、縦割り行政を補完する動きがあります。

新田　飯島先生が取り組んでいる地域には、二つのところを統括できるようなすばらしい保健師等がやは

りいるのですか?

飯島　基本的に私は、市民主体のスタイルです。とはいえどこでも、市民主体のムーブメントは少しずつ盛り上がってきてはいますが、ただまだ飯島研究枠から超えていません。私がいなくても新たな市民サポーターが養成されるモードに、早く入ってもらわなければいけないと思っていて、それをそろそろ柏が始めるところですが、では誰が教えるのか……。第一期、第二期生の市民サポーターは私が教えてきましたが、今後の市民サポーターは、もしかしたら専門職になるかもしれません。ある程度「フレイルとは」と説明できないといけませんから。

新田　私が知っている限り、国立でも東京の北区でも、南伊豆町でも、そこの主役は保健師になってきています。保健師の方たちは、いまのこういったことを非常に早く理解します。ただそこで、理解をしても市民に対する運動体になるかどうかは、確かに大きな課題です。

飯島　先の図「『食べる』にこだわる!」で言えば、身体機能障害の人に対しても、直接肩をたたき手をくだすという保健師の大きな役割があると思います。けれども、上流に上がれば上がるほど保健師はむしろ、ノーフレイルのおじいちゃんに市民主体の活動を支援する裏方の役割になってくると思います。だから、保健師は全領域をカバーしてもらわなくてはいけません。

新田　保健師は行政主体ではないので、やはりそこをリードする行政マンが必要ですね。

矢澤　まさに裏方に徹して地域の仕組みづくりができるのは、もしかしたら、こういう概念を理解するすぐれた事務職の場合もあります。つまりそれは職種ではなく、マインドだったりものの見方だったりするということです。

取り組む規範

飯島　もちろん、市民主体のスタイルがすべてではありませんが、市民主体の活動もそれなりにボリューム感をもってやってもらったほうが、第一段階は重要であろうと思っていまやっています。その市民主体の総合的な一次予防を実践するにあたって、私がこだわっていることが五点あります（図2―11）。

まず、普通の日常生活の延長線上で、普段からの集いの場でそれなりのものが展開されるべきです。そうしないと健康オタクが聞きにくるだけになって裾が広がっていかない、ということが一つです。

二つ目に、活動に参加した高齢者たち全員が、「三位一体」について学び直す場でなければならない、ということにこだわっています。

三つ目に、楽しさ目新しさ、斬新さがなければ市民は誰も振り向きません。たとえば「握力が測れますよ」と言っても、それを楽しいという人はもうこの世にはいないからです。「これって、何を見ているんですか？　へーっ」などの驚きがなければ、興味をもたれません。

四つ目に、「自分の立ち位置を見える化」する「気づき」と「自分事化」がなければ、市民は絶対に振り向かないと思います。「そうか、なるほど」という感じが必要です。仕掛けがないと興味はも

図2-11『市民主体』で取り組む総合的な一次予防

①日常生活の延長線上での気軽に参加できる場
②参加高齢者全員が全領域（三位一体）を学ぶ
③楽しさや目新しさ（斬新さ）
④自分の立ち位置を見える化：「気づき」と「自分事化」
⑤興味深い自己測定評価とそのフォローアップによる虚弱予防活動の継続性

▼

栄養（食と口腔機能）・運動・社会参加の包括的（三位一体）複合型フレイル予防プログラム

東京大学 高齢社会総合研究機構・飯島勝矢ら　厚生労働科学研究費補助金（長寿科学総合研究事業）（H26年度データより：未発表）

たれないし、興味をもって気づかなければ「自分事化」もあり得ません。「自分事化」がなければ、その人は何も変わらないと思っています。

そして五つ目に、どのようにシンプルな評価方法（フレイルチェック）をつくって、市民サポーターを養成して取り組むのか、ということをめざしてやってきたわけです（図2-12）。

こうして、どうにか興味がもてるというところまできたので、参加した高齢者たちに最後にアンケートを取ると、七割の方々は「次に自分は市民サポーター側になりたい」と言ってくれています。次なるフェーズは、どう行政のレールに乗せるのかということですが、そこがいま、ちょうど難しいところです。

新田　これを具体的な規範にして、保

図2-12 フレイル・チェックの「位置づけ」を明確に

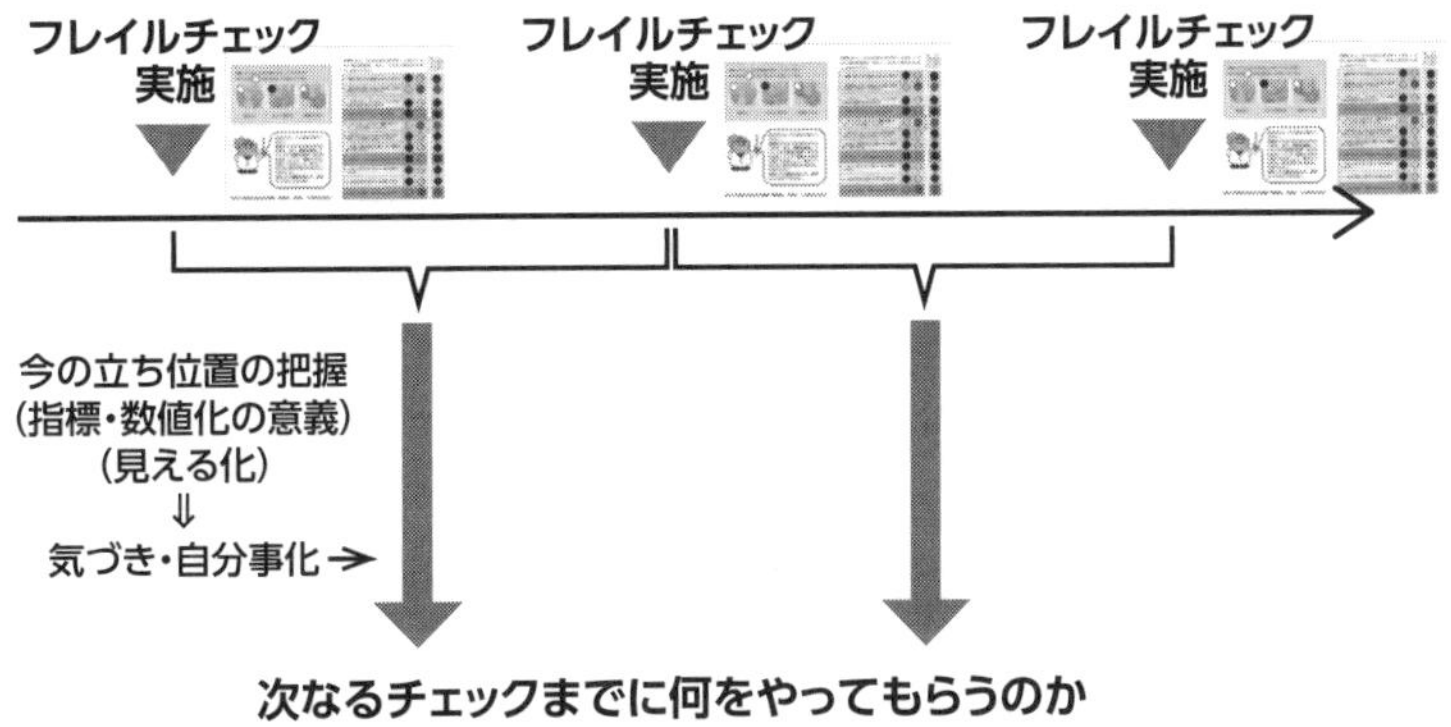

⇨『三位一体』を意識した生活全般の底上げとヘルスリテラシー向上
⇨市民主体：趣味を活かす、自主グループ、インフォーマルな活動、等
⇨既存の介護予防事業：活性化と選択のしやすさ、複数参加
⇨快活なまちのさまざまな場所でチェックが可能
⇨健康産業の活性化 etc

（東京大学高齢社会総合研究機構・飯島勝矢：作図）

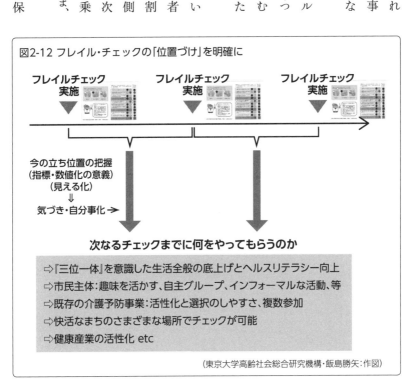

健師や行政事務職が、具体的に場所を設定して人を選び、そして、その裏方に徹するというのが、全国でも求められますね。

矢澤　この場合、市民主体という主体は、まさに市民なのですか。つまり、どちらかと言うと飯島先生が仕掛けているわけですよね。

新田　おそらくその主体は「ノーフレイル」に入る人で、年齢では七五歳以上です。だから難しいのです。介護保険が二〇〇六（平成一八）年に介護予防で大失敗しました。要支援1のピークは平均で八〇歳です。八〇歳の人に、わざわざ筋力トレーニングを筋力マシンでやれと言う……。これはやりませんよ。この飯島理論で言っても、日常生活の延長線上で気楽に参加できて楽しくなければ行きません。

私は、三位一体がサルコペニアに強く関連するということそのものが、介護予防の失敗の証だと思っています。国は当時、介護予防という非常にいい視点を見つけたのです。もちろん私たちも地域でそういうことをしましたが、実は運動に終始したのです。三位一体の発想がまったくないなかで、みんな「いまさら筋肉トレーニングやるのか」と、そういうことで失敗してきたのです。

ですから、今度の総合支援事業も、いまの「一次予防」を新しい目安にしていかなければいけないと思います。

飯島　そういう意味では、体を動かせばすべてがハッピーなわけではないので、同じ食べるにしても、どう仲間と食べるのか、どう社会性の高いなかで食べるのかなど、機能と機能が交わった形のコンセンサスを国からも出さなければいけません。それがチラシや電車の中吊り広告にも出るべきだし、キャッチーな形でコマーシャルにも出るべきだし、専門職も強い言葉で言えなくてはいけないと思います。

業でいったい何をやったらいいのか、要するに要支援はひと握りなので、どうしていいのかよくわからないわけです。

二〇三〇年の日本の敗北を起こさないために

新田　もう一つ、今回の介護保険の改革のなかで、要支援1、2に対するサービスの一部が「介護予防・日常生活支援総合事業」に移行され、もう各自治体でやらなければいけなくなっています。ただ、支援総合事業でいったい何をやったらいいのか、要するに要支援はひと握りなので、どうしていいのかよくわからないわけです。

それは結局、参加の社会をつくるということです。何のために参加するのかと言えば、やはりそこで楽しく食べて交流する、こういう世界を各市域につくりあげることになっていくだろうと思うのです。結果として、単に筋力トレーニング等ではなく、参加することを通じてそこまで行くという自然な身体活動にもなります。そういう具合になっていかなければいけないと思っています。

飯島　この三位一体の一つひとつのパーツは、どの行政も「重要に決まってるじゃないか」とわかっているはずです。三位一体についても「言わんとしていることはわかります」と……。ただ問題は、それがどこまでコミュニティーに展開されているのかです。そこをもう一回改めなければいけません。だから、継続的な通いの場がどれだけつくり上げられていて、そこに食がどれだけ入っているのか、という問題だと思います。

新田　そのことで具体的に、神奈川県茅ヶ崎市でやり始めたということですね。

飯島　「柏スタディー」で柏市行政にもがんばってもらっているわけですが、同時に、もともとこの分野にさほど力を入れていなかった茅ヶ崎市行政からいち早く「やりたい」と声がかかりました。私たちがイメージしている新しい市民サポーターたちをいっしょに養成して、この三位一体を市民同士でチェックし合って重要性を分かち合い、しかもそこで、いろいろある茅ヶ崎の既存介護予防事業のカードを拾いやすくするという取り組みを、いま茅ヶ崎市が行政主導で始めています。

新田　全国の各市町村が、こうしてやっていってほしいと思います。二〇三〇年の日本の敗北を起こさないために、すべてに革命を起こさなければいけないと思いますね。

3 8020運動を経て、オーラルフレイルへ

戸原　玄（東京医科歯科大学大学院医歯学総合研究科　老化制御学系“口腔”老化制御学講座　高齢者歯科学分野准教授）

日本の超高齢社会は世界に類を見ない。つまり、二〇二五年問題と言われる、団塊の世代が七五歳を迎える時代の支え方についての前例が存在しないために、これをどのように支えていくかをゆっくり考えましょう、というわけにはいかないのである。課題を整理しつつ現段階から動けるところは動き、触れたほうがよい部分は触れられるようにしながら、トライアル的な要素があったとしても有効であると考えられることには自分事として手をつけていくことが重要である。

ここでは歯科界で、これまでに行ってきた主に高齢者に対してのヘルスプロモーションを紹介しながら、今後の手のつけ方について考えてみたい。

8020運動の成果と反省 ――高齢者増で非達成者も増加

8020運動をご存じの方は多いと思う。日本人の平均寿命が約八〇歳であった時代に「八〇歳になっても二〇本以上、自分の歯を保とう」ということで始まった、当時の厚生省と日本歯科医師会が一九八九(平成元)年より推進している運動である。おそらくこの

図3-1 20歯以上保有している人の割合の推移

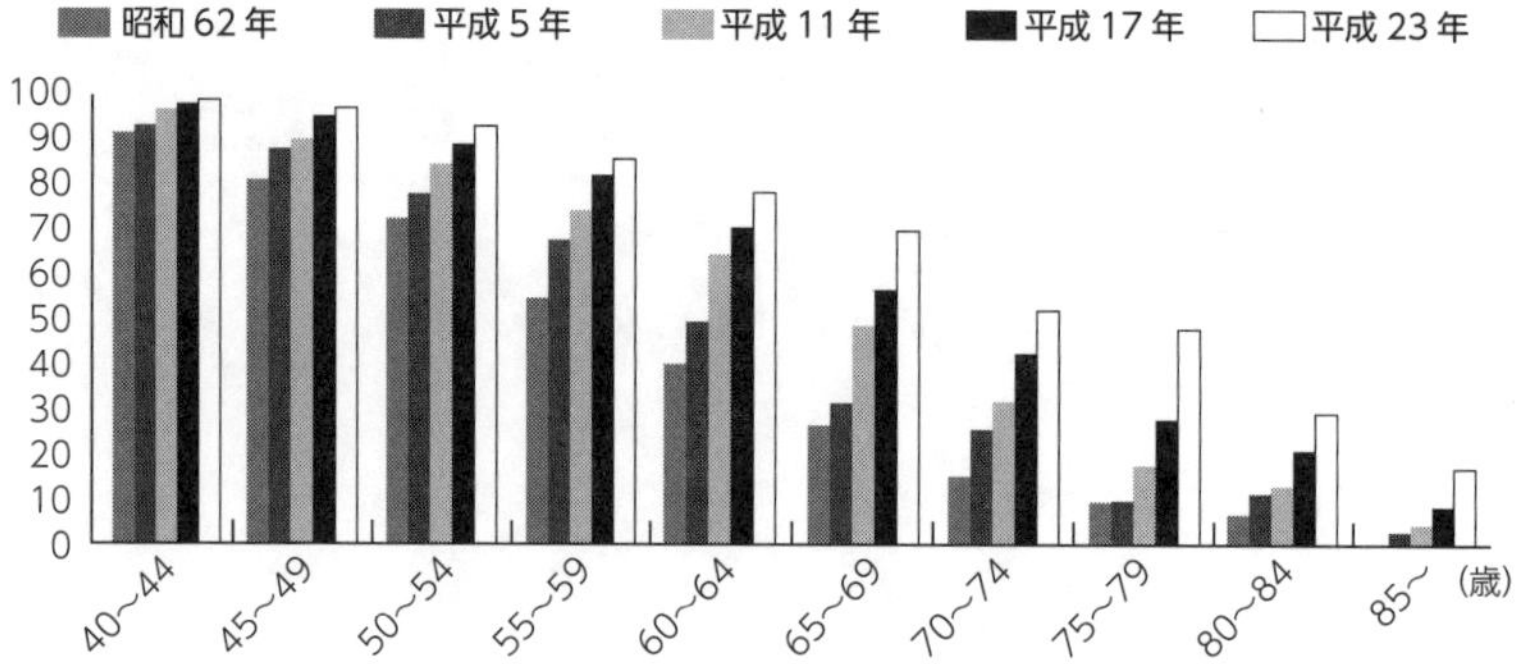

８０２０という言葉は、かなり多くの国民が知っているものであり、歯は大切だということも特に高齢の方に対して実際に浸透していると言える。

８０２０の達成者の割合を見てみると、各年代においても増加しているが、特に六五歳から上の年代での達成者が伸びている（図3-1）[1]。また、８０２０運動開始当初は達成率七％程度であり、中間目標として挙げられた二〇％は二〇〇七（平成一九）年には達成し（二五％）、二〇一一（平成二三）年には三八・三％となった。

また、歯が一九本以下の人は二〇本以上の人よりも一・二倍要介護になりやすい[2]、さらに、歯科介入は、痛い・噛めないなどの歯科的問題という、ＡＤＬ阻害因子や阻害因子の発生原因を軽減することにより、高齢障害者のＡＤＬおよびＱＯＬの改善に影響するのではないか[3]ということも報告された。

現在のように要介護高齢者や認知症患者が社会にあふれんばかりになる前の時代では、歯科医師の仕事は歯を守ることであった。それにはもちろん歯科治療と予防が効果的で、〝歯が大切〟、〝歯を残そう〟という機運にのった国民への対応は、

図3-2「8020」の達成者：率と実人数（75歳〜）

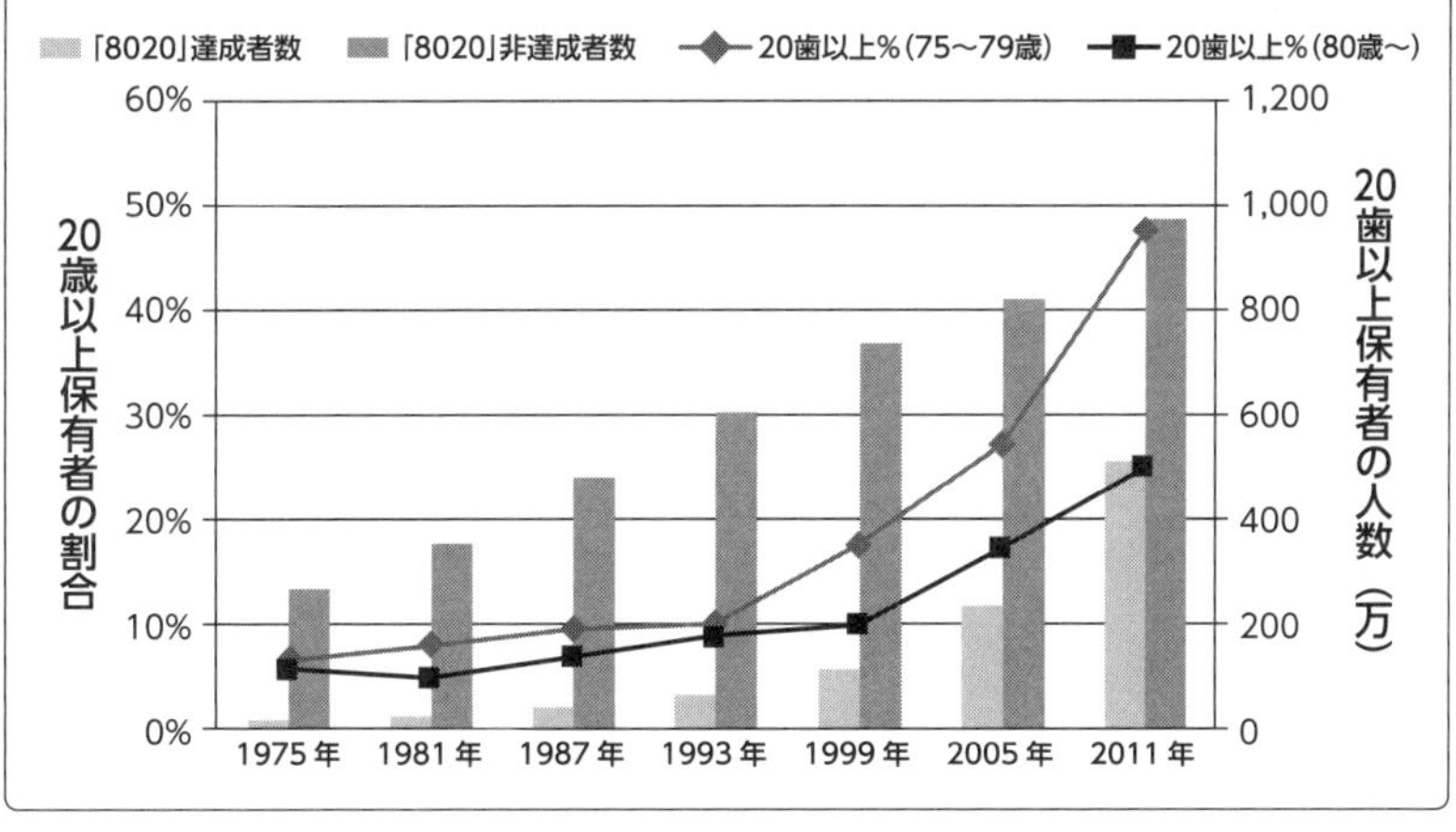

従来から行われてきた歯科介入を広く行うことで達成できた。

しかし、歯の本数のことだけを考えても、ここで一つ重要な視点がある。国立保健医療科学院の安藤雄一先生は、8020の達成者のみならず非達成者の数を検討している。[1)] グラフの折れ線が割合になっているので、七五〜七九歳群も八〇歳以上群も8020の達成率は増加しているとわかるが、棒グラフの実数に着目すると全然違ったものが見えてくる（図3-2）。実際には8020の達成者よりも非達成者の実数のほうがずっと多い。これは歯の本数にかかわらず、高齢者自体の実数が増えていることを表す。

8020運動が成功を収めたことは間違いないが、実は社会の高齢化に伴い8020非達成者もかなり増加していくことは、当時の歯科界ではあまり意識されていなかったと言える。今後は、老化に伴い弱っていく口や身体の機能、増えてゆく認知面の問題に対して、歯ありきではない取り組みのあり方を考えることが重要である。

↓口腔の機能の重要性——パラダイムシフトに尽力した口腔機能向上プログラム

話は少し変わるが、介護を要する高齢者に対して、日常生活の支援をするための公的保険制度として、介護保険が二〇〇〇（平成一二）年四月にスタートした。

この保険制度は、〃生活機能低下に対する予防であり、生活支援である〃ということで、介護予防も同時に掲げられていたことになる。しかし、開始年度は介護保険の受給者数が二一八万人だったが、四年後の二〇〇四（平成一六）年には四二〇万人と急速に数が増えていった。しかも、要支援や要介護1という要介護状態としては軽度である人数の増加が著しかったため、当初の制度のなかでは〝予防〟になりにくいことがわかってきた。つまり、どんどん新しい人たちが介護保険の受給者になっていくということである。

そういったなか、実際に介護が必要な状態にならないように、なるべく早い段階で老化に伴う機能低下のサインをとらえて予防しよう、ということから二〇〇六（平成一八）年に介護保険制度が改正され、予防重視型システムへの変換が図られることになる。これが現在行われているいわゆる介護予防の始まりと言える。

具体的には、①運動器の機能向上、②栄養改善、③口腔機能の向上、④閉じこもり予防、⑤認知症予防、⑥うつ予防の六つのサービスが行われることとなった。介護の世界に〝口腔〟という言葉が入ったというのは、歯科にとっては大変大きな出来事で、日本大学歯学部摂食機能療法学講座植田耕一郎先生を中心に口腔機能向上プログラムが推進されることになる。[4)]

医療保険ではなくて介護保険のなかで、主に歯科衛生士、看護師、言語聴覚士などが予防的に摂食嚥下の訓練を行っていこうというものである。先進的に介護の問題に取り組んできた個別のクリニックは別として、歯科界が集団として、このような活動を行うのは初めてのことであったと言える。

当初は軽度な方のみを対象としていたが、重度の方のなかにも実際には訓練が必要な人が数多くいる。さまざまな改正を経て、幅広い対象がサービスを受けられるようになった。一般の高齢者は地域支援事業介護予防特定高齢者施策、基本チェックリスト（図3-3）の口腔の項目のうち二つ以上にチェックがつくもの、視診で口腔内の衛生状態が悪いもの、反復唾液嚥下テストが三回未満のものは、地域支援事業介護予防特定高齢者施策、要支援1および2で嚥下や口腔衛生に問題があるものは予防給付、要介護状態で嚥下や口腔衛生に問題があるものは介護給付という形でのサービスを受けられるようになった。簡単に言えば、軽度から重

図3-3 介護予防の基本チェックリスト

No	質問項目	回答 (いずれかに○を お付け下さい)		
1	バスや電車で1人で外出していますか	0.はい	1.いいえ	
2	日用品の買い物をしていますか	0.はい	1.いいえ	
3	預貯金の出し入れをしていますか	0.はい	1.いいえ	
4	友人の家を訪ねていますか	0.はい	1.いいえ	
5	家族や友人の相談にのっていますか	0.はい	1.いいえ	
6	階段を手すりや壁をつたわらずに昇っていますか	0.はい	1.いいえ	運動
7	椅子に座った状態から何もつかまらずに立ち上がっていますか	0.はい	1.いいえ	運動
8	15分位続けて歩いていますか	0.はい	1.いいえ	運動
9	この1年間に転んだことがありますか	1.はい	0.いいえ	運動
10	転倒に対する不安は大きいですか	1.はい	0.いいえ	運動
11	6カ月間で2～3kg以上の体重減少がありましたか	1.はい	0.いいえ	栄養
12	身長　　cm　体重　　kg (BMI=　　) (注)			栄養
13	半年前に比べて固いものが食べにくくなりましたか	1.はい	0.いいえ	口腔
14	お茶や汁物等でむせることがありますか	1.はい	0.いいえ	口腔
15	口の渇きが気になりますか	1.はい	0.いいえ	口腔
16	週に1回以上は外出していますか	0.はい	1.いいえ	閉じこもり
17	昨年と比べて外出の回数が減っていますか	1.はい	0.いいえ	閉じこもり
18	周りの人から「いつも同じ事を聞く」などの物忘れがあると言われますか	1.はい	0.いいえ	認知症
19	自分で電話番号を調べて、電話をかけることをしていますか	0.はい	1.いいえ	認知症
20	今日が何月何日か分からない時がありますか	1.はい	0.いいえ	認知症
21	(ここ2週間)毎日の生活に充実感がない	1.はい	0.いいえ	うつ
22	(ここ2週間)これまで楽しんでやれていたことが楽しめなくなった	1.はい	0.いいえ	うつ
23	(ここ2週間)以前は楽にできたことが今ではおっくうに感じられる	1.はい	0.いいえ	うつ
24	(ここ2週間)自分が役に立つ人間だと思えない	1.はい	0.いいえ	うつ
25	(ここ2週間)わけもなく疲れたような感じがする	1.はい	0.いいえ	うつ

㊟BMI (=体重 (kg) ÷ 身長 (m) ÷ 身長 (m)) が18.5未満の場合に該当とする。

度の方までを対象とすることができるようになったのである。

とはいえ、重度の人がプログラムに参加した場合の問題点もある。実際は嚥下の状態がすごく悪くて予防的な訓練だけでは危険な人だったとしても、口腔機能向上の対象に一度なってしまうと、プログラムが継続している間は医療保険からの検査や訓練を受けることができなかった。そういった方も、介護給付（要介護状態）の方にプログラムを行っていても、実際に嚥下の状態が悪かったら医療へつなげよう、という修正も行われた。

まったく新しいプログラムを行ってもらうために、トライアンドエラーが繰り返されてきた。歯科のなかで摂食嚥下をリードしてきた先生方が時間と労力を割いて、歯科が介護の世界で活躍できる場所をつくろうと必死になって努力してきた。しかし残念ながら、つくってきたこのプログラムの実施率は高いとは言えなかった。

ちなみに、医療の世界では摂食機能療法、つまり摂食嚥下に関する訓練の点数は一九九四（平成六）年に新設されたところであり、摂食嚥下機能リハビリテーションが発展してゆくのは二〇〇〇（平成一二）年になってからのことになる。そのため、医療のほうでも先進的な取り組みがまだ十分に広がったとは言えない時期に、時代の要請に応えなければならなかったことが実施率を上げられなかった理由の一つになるかもしれない。

また、プログラムの実働が歯科医師というよりも歯科衛生士であったために、歯科医師の自分事にならなかったこと、従来の歯科医師の得意分野である歯科治療と予防処置ということだけでは、口腔機能低下に対応できなかったことも歯科界に対して十分に浸透しなかった理由に挙げられる。

成功とは言えなかった口腔機能向上だが、〝歯〟という形態を見るのではなくて口腔の〝機能〟を見ることが大事であるという認識を歯科界にもたらしたのは事実である。次の課題は、口腔機能低下に対して、実際に回答を提供できるのかというところにある。

↓生活への視点―歯ありきでも嚥下ありきでもなく、患者さんの過ごし方をみる

ここで少し話題は変わって、自分の平素の臨床である摂食嚥下障害について触れておきたい。特に私は在宅での対応に注力しており、所属である東京医科歯科大学から日常の臨床として訪問診療を行う体制を整えている。

私が訪問診療に携わるようになったのは一七、八年前くらいであろうか、アルバイトとして施設や在宅で歯科治療をするようになった。その当時は摂食嚥下についての知識がなかったため、どの患者さんに対してもできる範囲で歯科治療を行い、歯がない人には必ず入れ歯を作って、ひと通り治したら診療は終了していた。摂食嚥下についての問診は形上する程度のものであった。

そのようななかで突然、摂食嚥下障害を勉強することになり、愛知県の藤田保健衛生大学のリハビリテーション科で一年間お世話になって、摂食嚥下に対して歯科が取り組むことの重要性を認識してまた東京に戻って来た。

その後も東京医科歯科大学としては、訪問診療に特に取り組んでいたわけではないので、前述のようなアルバイトで、訪問にて摂食嚥下障害に取り組み始めるようになった。その時点で変わったのは、食べられるか食べられないかを歯ありきで決定しないようにすることであった。噛んで食べるのは重要な機能にせよ、噛む機能自体が失われている場合には、入れ歯を作っても咀嚼機能を引き出すことはかなり困難である。患者さんが食べられるようにするには、食事の形態や食べさせ方に注目することが現実的であり、嚥下機能を適切に評価することで、かなりの方に安全に経口摂取する方法を提供することができた。

しかし数年過ごすなかで、どうしても改善できないような症例にあたることが出てきた。つまり、いわゆる訓練的なアプローチが通用しない患者さんで、嚥下機能をどんなに細かく評価しても、大勢に影響を及ぼすような介入に至らないようなケースである。

そのような症例に対応するにあたっては、いわゆる摂食嚥下機能のみだけではなく、薬剤の影響、栄養状態、呼吸の状態、摂食時の姿勢の調整、さらにはデイサービスなど介護サービスの使い方などを考えるのがよい。むしろ嚥下機能自体よりもそういった周辺の状況を改善することで、簡単に問題解決する場合があるのである。

これからの歯科医師は、歯ありきでもなく、嚥下ありきでもなく、患者さんの過ごし方をみるという視点が重要である。

↓オーラルフレイルの視点
——治療対象を歯だけにしては追いつけない

オーラルフレイルは、東京大学高齢社会総合研究機構の辻哲夫教授、飯島勝矢准教授らによって示された概念である。[5)] 歯や口の健康への関心度が低いと歯周病や齲蝕《うしょく》を放置してしまうので歯を失う（71ページ図2-4）。次いで滑舌が悪くなる、噛めない食品の増加、わずかなむせなどの軽い機能低下を放っておくと、食欲の低下やバランスのよい食事ができず、悪循環に陥ってサルコペニアを引き起こして要介護状態に陥るというものである。ここでは、歯や口の機能の〝ささいな〟低下を軽視せずに対応するということが大切である。

これを単に8020プラス口腔機能向上と捉えるのではなく、口腔の低下を防ぐことでどのように心身の機能や栄養障害を防ぐのか、そして、かつて8020が成功を収めたようにオーラルフレイルを防ぐのが大切だと国民に理解してもらう活動が必要となる。今後、この概念はさらにブラッシュアップされて具体的な対応が提示されていくことになるが、歯科界がこの仕事を自分事としてとらえ、対応が求められた場合には集団として回答を提供できる能力を備えることが不可欠である。

二〇一一（平成二三）年に中医協（中央社会保険医療協議会）から示された歯科治療の需要の将来予想というものが出されている（図3-4[6]）。これからは歯の形態の回復ではなく、口腔機能の回復に対しての需要が高まるというものである。対象疾患として医科は感染症、脳卒中、がん、さらにはリハビリから緩和医療、在宅医療へと求め

図3-4 歯科治療の受容の将来予想

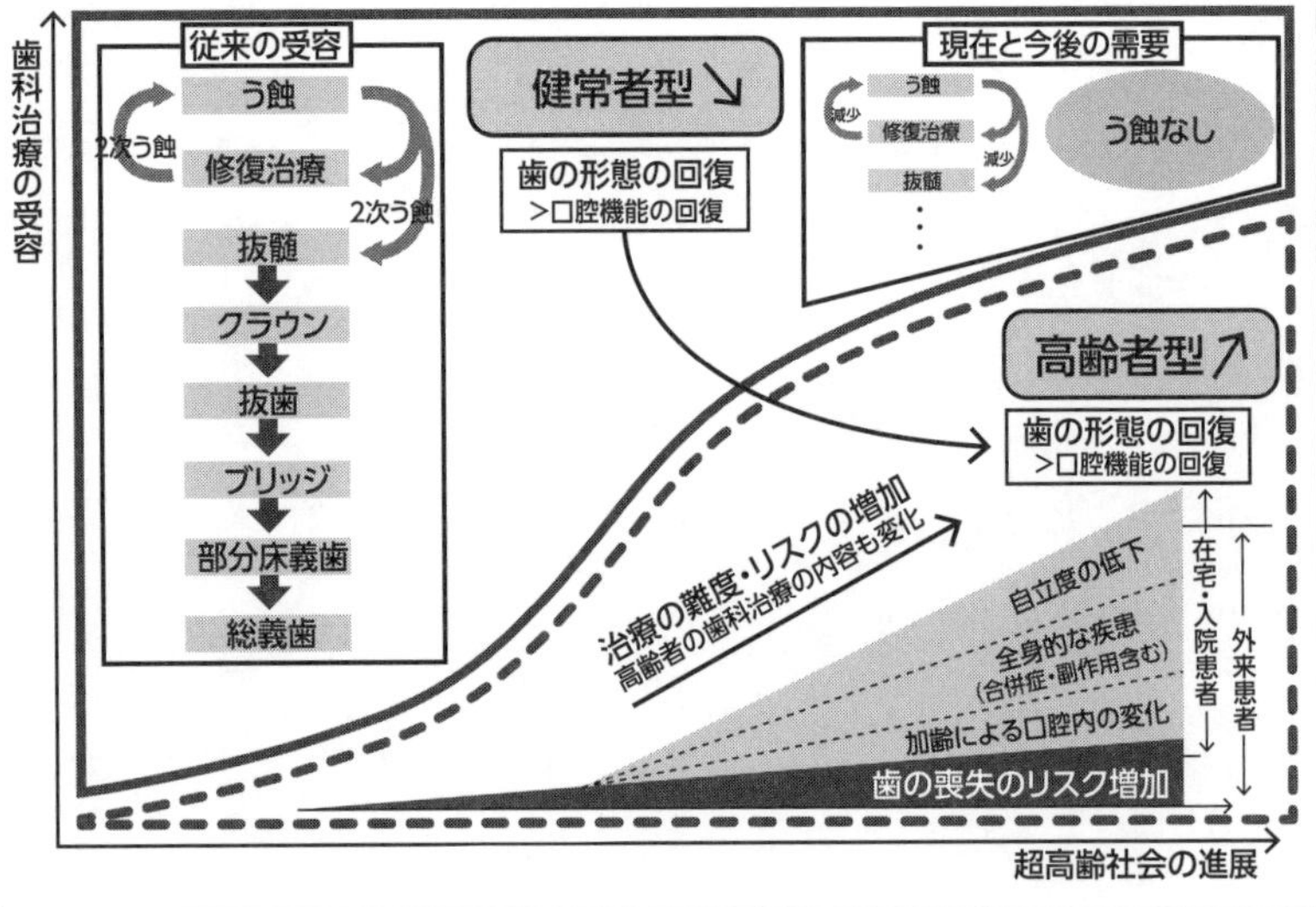

られるものに対して幅を広げている。歯科としても、治療対象を〝歯〟としているだけでは、社会が求められているものを十分に提供することに追いついていかないために、今後、歯科医学教育も変わっていかねばならない。

↓待ちのスタンスから生涯つき合う歯科医師へ
――変わりつつある歯学教育

8020、口腔機能向上、そして今後、重要になっていくオーラルフレイルについて説明したが、このような概念形成には若い頃からの教育が大切である。私たちは平素、在宅や施設に訪問して、嚥下障害の患者さんの評価や経口摂取の指導などを行っている。歯学部の六年生の学生にその現場を味わってもらうために、近年、訪問診療同行の実習を開始した（図3-5）。

嚥下機能の細かな診察の仕方が数回の実習でわかるわけはないが、どちらかと言うと、そういった訪問の場面で、私たちがスタッフやご家族とどのような話をしているか、また、どういった方向性をもって訪問診療を計画していくのかを、できるだけ現実的な目線から見ても

図3-5 歯学部学生の訪問診療見学

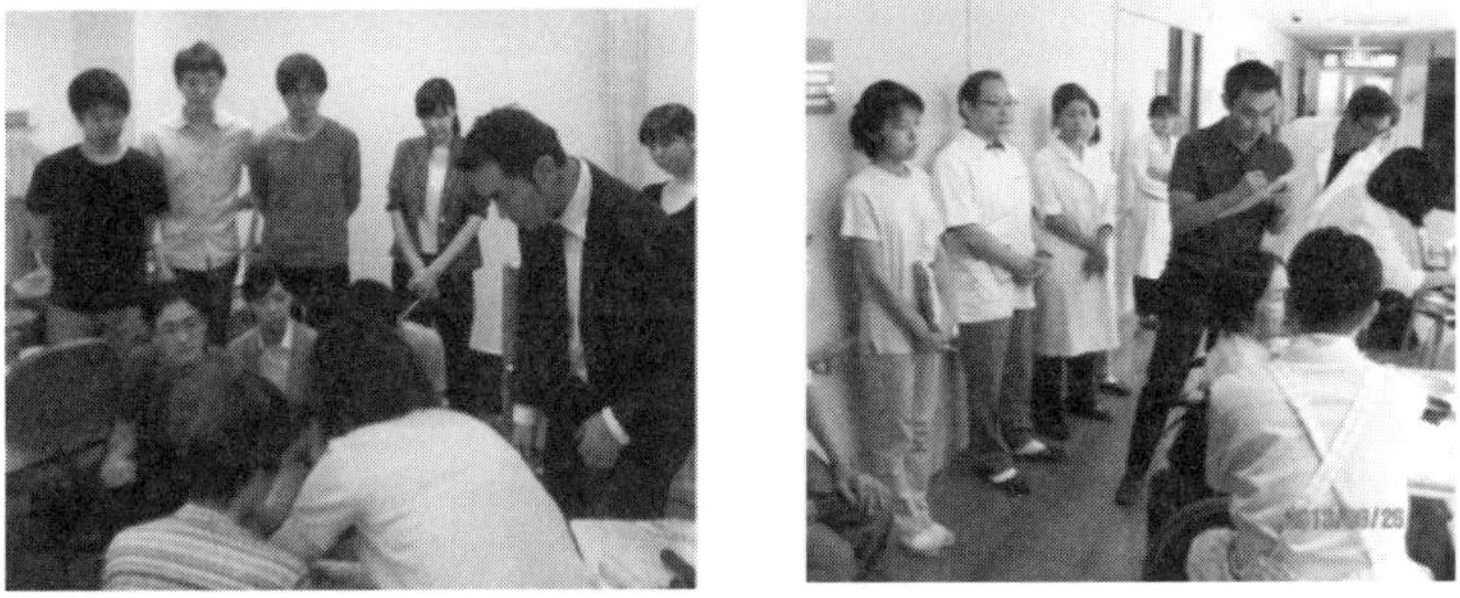

らうようにしている。

その他、学生にはなるべく患者さんとコミュニケーションを取るようにしてもらっているが、程度の問題こそあれ、多少認知症や高次脳機能に問題があったとしても、注意障害や見当識障害がどのようなものであるかを知るだけで、やりとりがしやすくなる。現場で必要とされていることをいまの自分たちには提供できない、というのを〝肌〟で感じてもらうことが大切だと考えている。

また、単一の大学のみならず、歯学自体も徐々に変わってきている。文部科学省より二〇一四（平成二六）年度に健康長寿社会の実現に寄与できる医療人育成を行うということで、課題解決型高度医療人材養成プログラムというものが開始された。現行の歯学教育で十分でない点を複数の大学の教育資源を共有しながら健康長寿を支える教育を行おうというものである（図3-6）。

最終学年の六年生を対象として、かなり重厚な教育を行っており、そのなかで、それこそ辻哲夫先生、飯島勝矢先生にご講義をいただいており、学生に概念を、そして魂を注入してもらっている。また、教育内容も座学だけではなく、学生を訪問歯科医師役、歯科衛生士役、患者役、患者の家族役、ヘルパー役に配役して、ありがちな訪問診療の現場をロールプレイしてもらったり、実際あった嚥下障害の症例を引き合いに出して、症例を検討してもらったりしている（図3-7[7]）。

このように教育も変わってきてはいるが、大学でエレベーターに乗ったときに若い歯科医師同士が、今日、見てきたばかりであろう高齢の患者さんのことを話しているのに遭遇することがある。耳をそばだてると、「今日は右上七番（一番奥の歯）の根治（根っこの治療）が大変で、全然よく見えないのに口を開けてられないから、ほんとに困ったよ……。しかもすぐむせるから全然治療にならなくてさ」みたいなことはよくある。

図3-6 健康長寿を育む歯学教育コンソーシアム

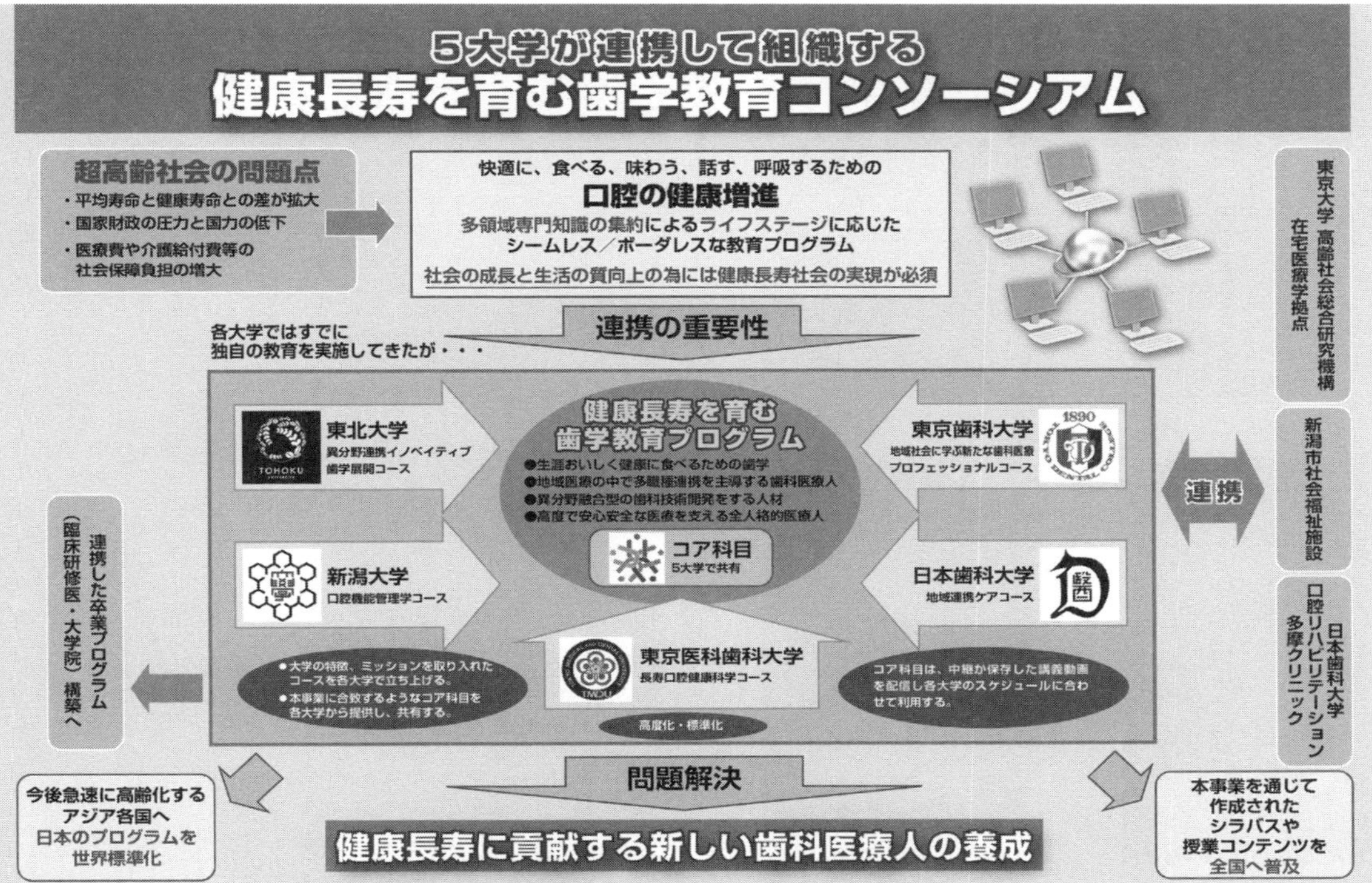

もちろんその場を見たわけではないので一概に悪いと言えるわけではないが、歳をとっていたら口を開け続けるのも疲れるであろうし、また治療中に唾液でむせるのも嚥下機能低下を疑わせているかもしれない。若者たちには、今後、そのような目線で患者さんを見ることができるようになってもらわねばならない。「今日、来た患者さん、体はまだ普通に元気なんだけどオーラルフレイルになってきていてさ、口の筋トレを指導したんだよね」など、フレイル、オーラルフレイルという言葉が、ごく普通に自然と歯科スタッフの口から出るような教育がこれから大切である。

今後、高齢者医療に携わる歯科医師は、歯をみるのが目的ではなく、嚥下をみるのが目的でもなく、患者さんの生活をみるようにならねばならない。訪問診療や摂食嚥下障害への対応も片手間に行うのではなく、腰を据えてじっくり

図3-7 歯科部学生の嚥下障害患者ロールプレイと症例検討

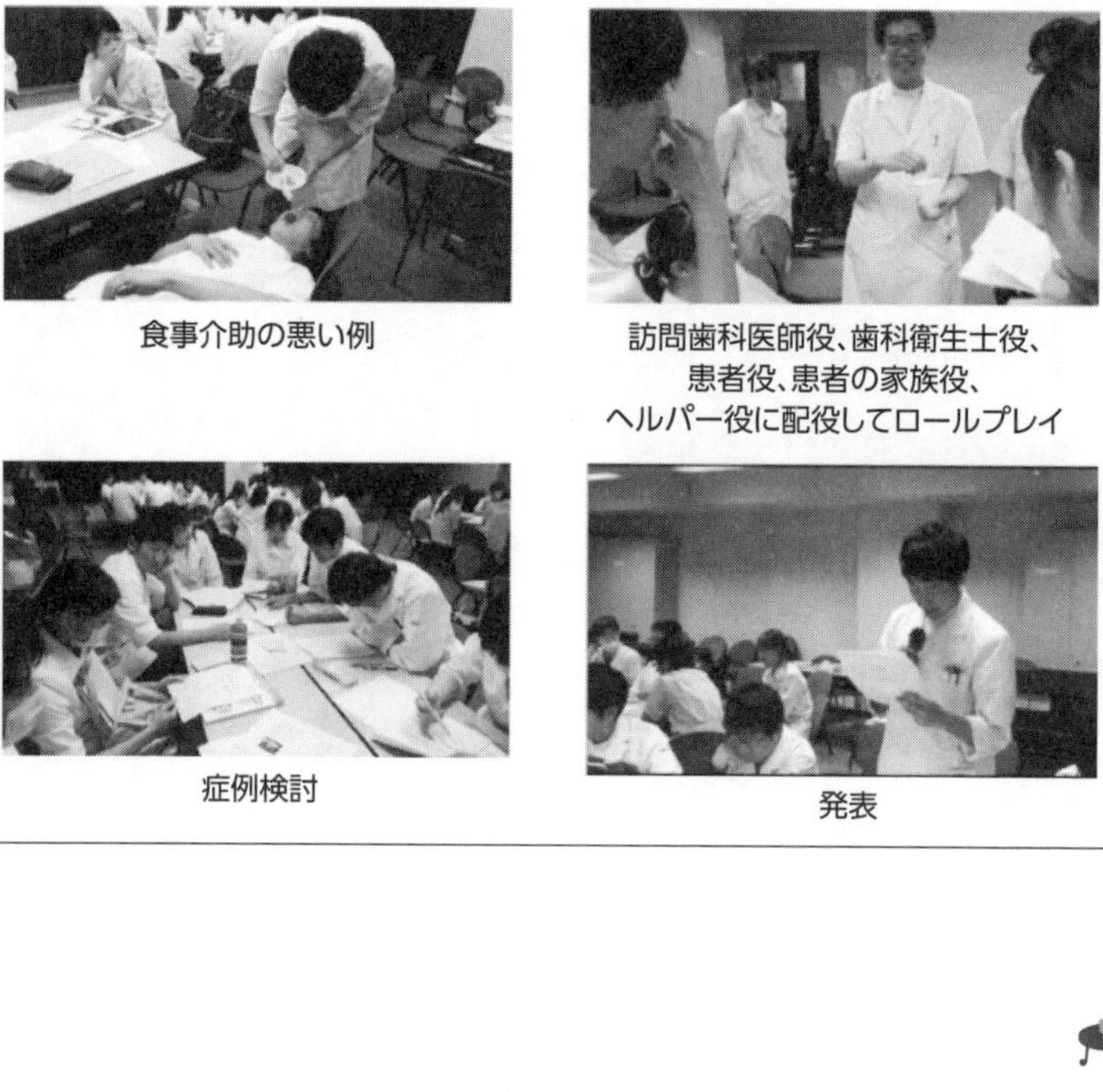

食事介助の悪い例

訪問歯科医師役、歯科衛生士役、患者役、患者の家族役、ヘルパー役に配役してロールプレイ

症例検討

発表

行わなければ、求められている問題への回答は手渡せない。

従来行ってきた待ちのスタイルから出かけていくスタイルへ、ひと通り歯科診療が終了したら終了もしくはメンテナンスに入るというイメージではなく、今後、年齢を重ねていく患者さんにずっとお付き合いをするというスタンスに生まれ変わるべきである。

【引用文献】

1 安藤雄一：日本の口腔保健50年 At-a-glance、ヘルスサイエンス・ヘルスケア、33-38、12(1)、2012
2 Aida J, Kondo K, Hirai H, Nakade M, Yamamoto T, Hanibuchi T, Osaka K, Sheiham A, Tsakos G, Watt RG.: Association between dental status and incident disability in an older Japanese population., J Am Geriatr Soc., 60(2):338-343, 2011.
3 鈴木美保：歯科治療による高齢者の日常生活活動の改善―層別無作為化対照試験―、老年歯科医学、22(3)、265-279、2007
4 研究班長植田耕一郎：口腔機能向上マニュアル ～高齢者が一生おいしく、楽しく、安全な食生活を営むために～（改訂版）、2011、http://www.mhlw.go.jp/topics/2009/05/dl/tp0501-1f.pdf
5 飯島勝矢、鈴木隆雄ら：平成25年度老人保健健康増進等事業「食（栄養）および口腔機能に着目した加齢症候群の概念の確立と介護予防（虚弱化予防）から要介護状態に至る口腔ケアの包括的対策の構築に関する研究」報告書
6 歯科診療報酬について、２０１１年中医協資料、http://www.mhlw.go.jp/stf/shingi/2r9852000001wj9o-att/2r9852000001wkdi.pdf
7 平成26年度健康長寿を育む歯学教育コンソーシアム実施状況報告書、http://www.tmd.ac.jp/artis-cms/cms-files/pamp.pdf

4 座談会 栄養管理における発想転換

水野三千代（埼玉県和光市外部管理栄養士・川島脳神経外科医院非常勤管理栄養士）
矢澤　正人（東京都新宿区健康部参事・歯科医師）
司会／新田　國夫（医療法人社団つくし会理事長）

和光市のコミュニティケア会議

食とIADL向上を結びつける視点

新田　埼玉県和光市の「コミュニティケア会議」は、すばらしい発想だと私は思っています。そこには、高齢者だけではなく障害者も子どもも全部入ってきました。水野さんは群馬県の方ですが、そこに「外部管理栄養士」として関わられています。まずその会議の構造から話してください。

矢澤　いわゆる「地域ケア会議」ですか？

水野　そうです。今回の地域包括ケアシステムにおける「地域ケア会議」と呼ぶ前から「コミュニティケア会議」と言っているので、名称は変えないでやっています。市が主催する「中央コミュニティケア会議」を月に二回と、日常生活圏域ごとに地域包括支援センターが開催する「地域コミュニティケア会議」を月三回開いています。私は「中央コミュニティケア会議」の栄養・食事の助言者として参加しています。

矢澤　それは、たとえば地域の会議で課題を見つけ、中央の会議で解決するような形ですか？

水野　そうではなくて、中央コミュニティケア会議では、新規の介護予防ケアプラン全ケースと要介護から要支援に改善できたケース、要支援から要介護に悪化したケース、二次予防事業の対象者から要支援に悪化したケースを検討します。その他新規の地域密着型サービスの利用ケースや、利用者一人として見るのでなく家族全体として捉えるべき処遇困難ケースなどを検討しています。たとえば「小規模多機能型居宅介護利用からグループホーム利用に変わった理由は？」とか、要支援2だった人が要介護1になったりすると「その原因は何か」などを検討します。

矢澤　つまり、全部ケース会議ですか？

水野　そうです。

矢澤　そこが案外違いますね。自治体によっては、中央会議で課題をどのようにして行政として解決していくかという議論を行っています。

新田　その違いは、いまの「地域ケア会議」というものがおそらく三層構造になっていて、その三層のところがケース会議。そこがきちんとケアマネジメントできていないために、二層も一層も問題提起ができないのでしょう。だから課題解決もできない。和光市は、おそらく一層のところの解決策が事例ごとに検討されていることになります。

水野　一つひとつのケースのＡＤＬ（日常生活動作）とＩＡＤＬ（手段的日常生活動作）の変化について、いまのこの段階から三か月間、六か月間でここまでにするという目標をはっきりと会議で打ち出して、できないときには「どうしてできなかったのか」ということがまた

資料）埼玉県和光市の概要

面積	11.04㎢
総人口	80,546人（2016年3月末現在）
高齢化率	17.4%（2016年3月末現在）
要介護（要支援）認定率	平成26年　9.4%（全国18.2%埼玉県14.3%）
位置	埼玉県南部に位置し、東京都板橋区、練馬区、埼玉県朝霧市、戸田市と連接
人口特徴	都市部への利便性が優れていることで、子育て世代を中心とした若年人口の流入が多く高齢化率は全国平均より低い。団塊の世代が人口のピークを形成しているので、今後、高齢者数が急増する見込み。今後、埼玉県南部は2025年に超高齢化となる地域である。

東内京一和光市保健福祉部長「和光市における超高齢社会に対応した地域包括ケアシステムの実践」より改変

会議に出ます。

矢澤　担当者には、そういう読みがあるのですか?

水野　その読みをしないでプランを立ててはいけないのです。最初のアセスメント、洞察抜きでプランは立てられませんよね。その洞察のなかに当然、栄養も考えるべきではないかということです。もし抜けていれば、こういうところを入れてほしいと、ケース検討の最後の助言者の発言時間にしています。

地域ケア会議で「この人は食べることに困っている」というときのみ、「栄養の助言は……」と管理栄養士の助言が求められると考えずに、すべての人が食事をいただいているのですから、すべてのケースにおいて栄養・食事の助言は必要だと考えています。たとえばデイケアに行ってリハビリをするにも、リハビリのプランの中にIADLの向上の目標がないままに、ADL向上のみのプランでは、仮にそれが達成しても、それは単にデイケアの人が満足するだけで、利用者が家に帰って、本当に生活の場につながるとは限りません。

たとえば、食事は食べられている、栄養状態に問題はない。

和光市コミュニティケア会議

屋内歩行は、家具などにつたっての歩行はできる。調理は、要支援状態になる前は家族のためにしていたが、いまはできない――実は可能な立位時間が短いためだったのですが。こういう状況の利用者について、ケアマネジャーおよびデイケア側に栄養・食事に対する視点が不足していると、デイケアを利用したことで、椅子から立ち上がっての立位時間が延びれば、室内歩行の困難さが軽減されたことで「達成」として評価されます。

しかしそのプランに食の視点が加わると、立位時間を延ばして、流しの前にも立って再び家族に食事を作ってあげましょう、という目標にもなってきます。そのためには、デイケアのPT（理学療法士）、OT（作業療法士）による、いまある家庭の流しや調理台は適切かどうかの見極めや、調理における自助具の指導、管理栄養士による簡単調理のための食材の調達方法・調理方法の指導、初めはヘルパーさんとの共同調理から始めたほうがよいかなど、検討すべきことが出てきます。

できることとできないことを見極める

新田　最初から関わられていますが、最初の段階で、コミュニティ会議に出されるケアプラン等々に対してどういう思いでしたか?

水野　どうしてこんなに食のことを無視するのかなと、それはすごく感じました。介護保険の認定調査のなかに食に関する質問は、一つか二つしかありませんでした。その影響もあったと思います。それにケアマネジャーの元職としても、管理栄養士、栄養士がすごく少なかった。だから、食事摂取さえできていれば、もうそれで問題なしと考えられていたのだと思います。

新田　ケースをコミュニティケア会議でチェックするわけですね。要支援の人たちも出てきますよね。たとえば、掃除ができないとか、掃除はヘルパーさんが来ているけれども、どうするんだ……。すると、掃除ができなければ単にサービスを入れるのではなくて、なぜできないのか、という話になりますよね。

水野　そうです。できない原因が廃用のためか、それとも本当に病気がそのときだけあってできないのかとか、いや掃除機は持てなくても、通称〝コロコロ〟と呼ばれる粘着クリーナーならできるとか……。あれなら相当の方ができますし、ゴミも取れますね。あるいは、座っていてもテーブルを拭けるのなら自分で拭いてもらいましょう、ということになります。

やはり、どこができてどこができないかが重要です。短い時間のなか、生活援助も時間が制限されたと言われていても、きちんとやれば時間内で可能なことも多いのでは。本人にも、自分ができるところにヘルパーさんは手を出さないから、わかりやすいと思います。

新田　そのときに水野さんは、栄養士としてどのようにアセスメントするのですか？

水野　介護予防には、要介護状態の方の悪化予防も含まれると思います。私のなかでは要介護状態の介護予防に食事作りは相当のウエイトを占めていて、認知症の悪化予防にも調理がものすごく大きいと思っています。認知症で調理ができなくなっていると言われても、ヘルパーさんの見守りや指示があればできるのかどうかは、きちんと見てほしいところです。ヘルパーさんと料理をしながら、会話は弾むし、自分が作った料理はおいしいし、自信もつく――。これらのことは認知症の悪化予防に効果があります。認知症の方に限らず、調理能力があるのかないのか、「能力がない」と言っている方は経験がなくてできないのか、そこをはっきりする必要があります。

男性だから「できません。ヘルパーさんを入れてほしい」と言って、その間自分は隣の部屋で新聞を読んでいるとか、「今日は何が食いたいから作ってほしい」とか、そんなことは絶対に許しません（笑い）。本当に経験のない人なら、包丁の持ち方から教えられるようなプランが必要です。そして、食べたい〇〇を作れるようになることを目標にしてがんばってほしいと思います。

新田　栄養というのは単にその中身ではなくて、手段的なものも含めて栄養なのですね。

水野　そうです。

矢澤　概念が、ということですね。

水野　低栄養状態の方への栄養補給ももちろん大変大事なことで、また食事や間食量が過剰だからあなたは脳梗塞の再発予防のためにはこんなに多く摂らないほうがいいとか、そういうことはあります。でも楽しみである食事を、自分の手で、自分のやれる範囲で確保できることが、やはり人として大切です。自分の楽しみのために努力を惜しまない、人任せにしないことが大事だと思います。男女関係なく……。

新田　そうすることによって、できない人がやるようになっていくのですか？

水野　なりましたね。初めのうちは「どうしてよその市はヘルパーさんがやってくれるのに、うちはやってくれないのか」という声があったと思います。でも、本人ができることにヘルパーさんが手を出さなければ集中的に、

その方の必要なところを手助けできました。そのことで、その方の要介護度が上がりませんから、つまり介護のお金が上がっていきません。「そういうものに無駄遣いしていないから、わが市は保険料が高くないのですよ」と言っていくうちに、「ああ、確かに保険料は高くないわね」と……。

新田　三八〇〇円ですよね。

矢澤　安い！

水野　二七年度からは月額三九二八円に市町村特別給付三〇〇円を加えた四二二八円が保険料の基準月額です。ケアマネジャーさんや地域包括支援センターの人たちもだんだんと、あと何年後には後期高齢者人口の割合が膨らみ否応なしに上がっていかざるを得ないとしても、いま保険料を抑えられているという自負、それは自分たちの実践があってこそという誇りがもてていることだと思いますし、それが市民にも少しずつ伝わっていきました。

減塩はインスタント味噌汁でもチェックできる

新田　市民の前に見える形で、ケアマネジャーや他の多職種がそこまで変化するということは、なかなかないですね。

水野　地域コミュニティケア会議で、私はできるだけ「栄養・食事のことで、プランの中に何かこれを足せばいいと言われたな」と思ってもらえる助言を心がけています。

たとえば「これでは塩分が高すぎます」と言うだけでは、病院に行って「血圧が高いから減塩食にしなさい」と言われても意味がわからず、白い塩を使わなければいいと思って今まで通りに醤油はかけていたなんて笑い話がありますが、それと同じになってしまいます。そういうときには減塩といってもグラムではなくて、要は何回も「この味です」と示して覚えてもらうことです。

私がよくするのは、インスタント味噌汁の表示の半分の濃さ——つまり表示のお湯の量に一袋の半分しか入れないものを飲んで、それが薄いと感じたらまだ減塩できていないということです。安いのであれば一〇〇円で一〇袋くらいありますから、一週間に一回ずつチェックしても一回一〇円前後でできます。

こういう簡単な方法を提案すると、「それなら利用者さんにも説明できる」となります。そういうことが大事ではないかと思います。

新田 なるほど。栄養士さんはグラム、つまり数字でやろうとしますね。

矢澤 新宿区は、一日三五〇グラムの野菜を食べるという目標を四〇％の区民が知る、という目標なのですよ。

水野 それなら「手のなかに、こぼれるまでいっぱい入れましょう。手をパァーッと広げましょう。でも火を通せば、もうちょっと小さくなりますよね」と言うと、みんな面白がりますよ。それを三回に分けてよいのですから、食べられますよ。というと納得していただけます。やはり手計りです。多くの家庭には体重計はあっても、料理用計りはなかなかありませんから……。

新田 いい発想ですね。

矢澤 いいですね。

水野 まずは「そんなことでいいのか」と思っていただくことです。

矢澤 そうなんですよ。みんな「何か無理だな」と思いつつ、「しょうがない。役所が言うから従っておこう」

と……。だから動きが起きにくいのです。

新田　その基本が最初の話です。まずADLの改善、ADLが改善したらIADLの改善。人間の行為は最終的にはIADLですから、そこへきちんともっていくという話ですね。そのための手段だから、グラムや数字を使ってもダメなのです（笑い）。

水野　栄養士も発想を変えないといけないと思います。数字がなくても食事療法はできますし、楽しく食べられますから。食べることを楽しいと感じていない方が、在宅には相当たくさんいらっしゃるということですね。

超高齢化社会を生きる食

空腹を感じられる生活をしているか

新田　これから一人暮らしが増えます。超高齢夫婦も増えます。こういう人たちにどんな話をされますか。たとえば、一人だとどうしても「孤食」になるし、どんなものを食べてもおいしくない、そんな方が来たとします。デイサービスに行くなどの、いわゆるありふれたプランニングがありました。要支援か要介護1くらいでしょうか。それに対してどうされるのですか？

水野　まず、この方が空腹感をもっているかどうか。やはり〝食べる楽しみがありますか？〟などをいきなり質問されても、聞かれたほうは戸惑います。要は、本当に空腹を感じられる生活をしているかどうか、が大事だと思うのです。

また、相手の生活の流れも見ないで「三食きちんと食べましょう」と言っても、二食でやっとだという人には過重な課題になってしまいます。それをするためには、たとえば、寒い季節でないのでしたら、朝六時半にラジオ体操をやっている会などを探し、歩いて何メールとのところにあるとか、お隣の人が行っていることなども調べて、誘ってもらってそこまで行って帰ってきたら、それまで九時頃に食べていた食事が七時には食べられて、そのことで三食になるかもしれません。

空腹時に食べた食事のおいしさを思い出していただくことが一番大事です。空腹を感じて、たくさん食べられたら、どうして食べられたのかを考えていただく。一度で実感できないかもしれませんから、繰り返しての援助が大事です。それはプランというより、地域での互助の世界だと思います。〝向こう三軒両隣〟と言いますが。

また、お裾分けができる関係をつくれる地域包括ケアと言ってもいいかもしれません。やはりお料理は、誰かのために作るほうががんばるのです。自分一人のためなら、しないけれども、あの人に私のおいしい五目豆を分けるのだと思うと、ニンジンもレンコンも入れようとか、竹輪も入れたほうがおいしいかなとか、そういう気持ちになってきます。作ったほうも頂いたほうもおいしくいただくことでしょう。こんな地域づくりが望まれます。

子どもが独立して夫婦二人暮らし、または一人暮らしであっても、料理している鍋は子どもがいたときのままで作るので、ついつい作り過ぎの方がみられます。

矢澤　そうなのですよ。結局、私が食べさせられています。

水野　それで作ると、残ったときに二日目はまだいいけれども、三日目はもう嫌になってきます。たくさん作っているのだから、私の得意料理を近所の一人暮らしの方に持って行くとか、そういうことができたらいいなと思うのです。

訪問栄養指導で一人暮らしの人の家に行くと、まず鍋の大きさをチェックしていました。両手鍋はだんだん危なくなるので、できれば軽めの片手鍋にして、小さくすれば少なく作れます。そして簡単料理を覚えてもらうことが大切だと思います。

もう二〇年前ですが、私も含め地元で働くフリーの栄養士五名で作っている「ダージリンの会」で、群馬県の東部地区のO町の老人センターに遊びに来ている元気な高齢の方たちに調理や食材についてのアンケート調査をしました。「食べきれず、残るのが嫌だから作らない」「余るのが嫌だから買わない」という回答が目につきました。いまほどコンビニがそんなにたくさんない時代のことですが、いまでもこの一回で使いきれないから嫌で使わない、残りそうになるものは敬遠して、食材のレパートリーから外している人が見られることを注意せねばと思っています。

卵は、特別な卵でなければ一〇個入り一パックで高くても二五〇円です。一個三〇円以下で卵ほど栄養価のあるものはなかなかありませんが、一人暮らしで一〇個入り一パックの卵を買うと賞味期限内に使いきれないという人がいます。だから六

高齢者むけ簡単料理集≪ダージリンの会作成≫

個入りの卵が売れるのでしょう。賞味期限は二週間ですから毎日一個食べていれば一〇個食べ切れるはずですが、結局、残るのが嫌だという心理なのだと思います。

それから、お総菜売り場で買うのは「みっともない」とか「プライドとして私にはできない」とか「あんなまずいものは食べられない」など、いろいろです。以前と比べたらおいしくなっているのですけれども、売っているお総菜を買う気になれない、作るのは億劫だというので、おかずがとても少なくなっている高齢者がいることを忘れてはいけないと思いました。

さらに、料理をしていないと、そのために手順も相当忘れてしまっています。だから、一人暮らしや二人暮らしの人には、全部作ろうとしないで一部は買ってきたらいいとか、あるいは「五目煮を〝三目煮〟〝二目煮〟に変えれば楽になるので、どうですか」などとすすめています。私の住んでいる群馬県は、よくけんちん汁を作るところです。「けんちん汁にはごぼうを入れて、何々をこう入れるもんだ」などと言われますが、「名前としては、けんちん汁は豆腐が入ればあとは何が入ってもいいんじゃないですか」「食材の種類が少なくても、具がいっぱいのけんちん汁だっておいしいですよ」などと、なるべくいろいろなところで語っています。誰かが大きな声で言うと、「あの料理はこうあらねばならない」と思っている人も、「私は、もともとはちゃんとやろうと思っていたんだけど、あの人が『そんなことはしなくていい』って言ったから」と言えます。つまり言い訳の後ろ盾になってあげるべきだと思うのです。いま作れている料理が、工夫しだいでこれから先も作り続けていけることはとても大切なことです。

また減塩をめぐっても、本を見ると必ず、かつお節や昆布などを使った天然だしは顆粒のだしよりも塩分がとても少なく、色もある、香りもある、などと書いてあります。もちろん、できる人は天然だしがいいけれども、要支援になった方にとっては、天然だしを取ることは大変な操作ですし、また経済的にも高くつきます。

そんなときは、顆粒だしにはかなり塩分が含まれていることを伝えたうえで、薄く作ればいいわけです。濃いのがどうしてもよかったら濃くして「その代わり絶対、お椀に何センチまでよ」とか「汁は大さじ何杯までよ」などと、結果的に汁の摂取量を少なくすれば、塩分の摂取量が減らせます。汁をお椀にいっぱい入れて飲むからいけないわけで、味噌汁にすれば野菜もたくさん摂れますから、「回数を制限せずに、ただし、あなたに合わせた飲み方を覚えて実行しましょう」と言っています。

全体が薄味でも一つだけ濃くすればよい

新田　基本的なことですけれども、たとえば病院でもどこでも薄味です。高齢になればなるほど味の感覚が違いますでしょう。それはどう考えておくのですか?

水野　要は、塩分の総量で考えればいいと思うのです。全部が薄いからおいしくないので、一つだけ濃いものをちゃんと用意して、「これが濃いから、ほかは我慢しましょう」という感じにすればいいと思います。また、豆乳にごく少量のチューブ入りの練りワサビと刻み海苔を入れて味噌汁の代わりにとすすめている本(香川芳子、杉橋啓子監修『高齢者のための食事制限メニュー』女子栄養大学出版部二〇〇五年)があって、私は「これは!」と思って活用しています。それを説明するとき「これ味噌汁と同じですね。豆乳も味噌ももとは大豆ですから」と言うと、ゲラゲラ笑って……。

矢澤　味噌汁のような味なのですか?

水野　いえ、そんなことはありません（笑い）。高齢者の介護予防教室などの調理実習でしているので、同じでないことはわかっていますから。参加者は「ワサビの辛さと海苔の磯の香りで、飲めるわ」と言われます。汁物がないと食べられないという方もおられます。これなら、味噌の分の塩分も別の料理に使えて、栄養価の高い豆乳も飲めます。

先ほど、二〇年前に老人センターの利用者にアンケート調査したお話をしました。その内容を踏まえて、欠食をしないで簡単に一日三回食べられるようにと、ダージリンの会で二回、料理の小冊子を作りました。実はとても人気があって、新聞にも紹介されたことや助成金をいただいて作ったのでとても安かったこともあり、全国から多くの希望者がありました。会員同士で「隠れたベストセラーになった」といったものです。

特徴は、簡単に作れるもの。この地域のスーパーなら置いてあるものを材料にして、一つの料理に多くの食材を使わないでできるものにしました。他には、レシピを二人分にしたことでした。その頃の料理本はみんな四人分でした。四人でちょうどいい材料が書いてありました。一人暮らしの人は、これを四回食べるのかと思ったらパスしますよね。それに四人分を二人分にする計算も、慣れていると簡単ですが、実は意外に難しい。二人分であれば、

二人暮らしならそのままですし、一人暮らしの人でも二回食べるくらいはできるでしょう。

その後始まった介護予防栄養改善教室の講師をする際も、このレシピは応用しました。そのために、コンビニやスーパーで高齢者によく売れているものを調べました。自分が買いものに行って、ついでに様子を見るわけです。どんな時間帯であると何人くらいの高齢者が来て、何を買って行くのか、何がこの人たちに便利なものなのかと……。また、何が食べられておらず、それはこうすれば食べられるのでは、というものを教室の調理実習で取り上げました。

やはり地元の、歩ける範囲にあるお店で揃えられるもので、その方の食事に適したものを提案していくことが、一番大事ではないかと思います。

新田　九州の福岡県久山町の研究があります。久山町は小さい町で、亡くなった方を全員解剖していることでも知られています（九州大学の「久山町研究」）。そこにある小さな商店で何が買われ、どういうものをみんなが食べるのか、それによって血圧や糖尿がどうか、認知症の脳血管障害発症の原因研究です。いまの話は、そういうことですよね。

矢澤　ちなみに一人分というのはないのですか？　一人高齢者は半分にすればいいということですか？

水野　一人暮らしの方が手間をかけて調理して一回で食べ終わるのはもったいないからと、作る人はたいてい二回分くらいを作っています。だから「これで二回分できますよ」と言えば抵抗はありません。これはずいぶん、実際に高齢者の人にやってもらいました。

高齢者が簡単にできる料理を

新田　隠れたベストセラーというのは、二人分というのがよかったのですか？　中身がいいのですか？

水野　それまで、高齢者向けの料理の本で、作り方が三行くらいで簡単な料理で、載っている料理の数が少ない本がなかったからだと思います。

最初のページは「ひじき寿司」でした。作っても残ってしまったり、買ってきたが多くて……というひじきの煮物と、炒り卵だけは作って、すし酢で作ったすし飯にこの二つを混ぜるだけです。私たちは卵を毎日食べることを習慣にしてほしかったので、ご飯と混ぜればいいという簡単なレシピにしました。

一冊目を作ったときのコンセプトは、一〇分で出来上がることでした。作った料理はたくさんありましたが、わざと料理数の少ない薄い小冊子にしました。「すぐに載っている料理の全部に挑戦して、何度もつくっている」という感想のお手紙を多くいただけました。繰り返し作ってくださっているということは、この方のレパートリーに加えられたと思えました。

同様に「鶏のからあげの野菜煮」は、鶏のから揚げを一パック買ってきて、その日はそのままで食べて、残りを翌日に使う料理です。鍋に切った鶏のから揚げと、新たにジャガイモとにんじんと水を加えて、水がなくなるまで煮れば出来上がり。醤油と砂糖少々を足してもいいと書きましたが、何も調味料なしでも食べられます。大きいパックを買うと残ってしまうからやめておこうと考えず、手が出せます。肉を食べる回数が増えてほしくて作った料理です。

矢澤　そういうことが男にはわからないから、できないのですね。家内が亡くなったら私は絶対、食事を作らずに総菜屋に買いに行くタイプです。

水野　でも、買いに行ければいいのです。七〇代、八〇代の人たちの中には「総菜屋なんて、俺の行くところじゃない」「何を買ってくればよいのかわからない」と言って買いに行けずに結局、菓子パン、カップヌードルばかりを食べている人がいますから。

矢澤　男として、そういうことはみっともないということですか？

水野　そうではなくて、私は社会教育だと思います。だって、これだけ外食店もあるのに、お腹が空いたら買いに行く・食べに行くという教育を受けていませんから。逆に言えば、そうしたお店も上手に、たとえば高齢者だけが来る時間帯をつくって〝高齢者一五〇円割引券〟でも出せばいいのにと思います。

矢澤　なるほど。

水野　どこか一つの会場にみんなで集まって食べるというと、ボランティアは会場づくりをするだけでよいのですが、そのようなことができないところもあると思います。そういうときに、お店とタッグするのも一つの方法だと思います。

矢澤　それは役所の仕事で、役所が得意なハズですけれども……。たとえば、高齢者用の折詰弁当を売るようにするといい、ということですか？

水野　集まってみんなでお弁当を食べることもよくあります。それは共食という意味で楽しいし、それは満たされるかもしれませんね。

配食サービスの問題と活路

配食サービスで閉じこもったお年寄り

新田　国立市では古くから配食サービスが行われていますが、課題があると思っています。配食についてはどのようにお考えですか？

水野　介護予防・地域支え事業の配食サービスが、平成一四年度に「食の自立支援事業」に移行しました。それで、その年の老人保健事業推進費補助金（老人保健健康増進等事業）地域保健研究会の「食の自立支援に関する調査研究事業」[1]が実施されました。研究委員として現在の和光市東内（京一）保健福祉部長や、私も委員でした。全国の三か所でモデル事業を実施しました。宮城県志津川町（現在の南三陸町）、神奈川県海老名市、埼玉県和光市でした。そのときに私は、自宅から一番近い和光市に入りました。

新田　目的は何だったのですか？

水野　配食サービスは介護保険が始まっても、介護サービスのなかに入らなかったので、どちらかと言うとバラマキ状態に近いところもありました。本当に必要な方に、必要なときのものになっていたのか、という検証が必要でした。

配食が本当にその方の自立を高めるものになっていればいいのですが、逆にお弁当が来るがために食事を作らなくなっている方もあります。能力はありながら「お弁当が来るから今日の昼は作らない」と……。あるいは、閉じこもりが問題だという人に対しても、本当なら通所を考えるべきなのに、行かずにお弁当で済ませているのではないかとか……配食も一つのサービスとして食関連サービス利用の調整が必要と考えられました。そのための食の確保と食の自立支援の視点で、きちんとアセスメントして、食関連サービス利用調整会議を開催し、配食を実施後は評価する必要があるという研究事業でした。私にとって、その研究事業で和光市に入ったのが、現在に至るきっかけになりました。

新田　国立市も実はそうでした。同じ問題が起こって、結果として高齢者は閉じこもったのです。それも、かなり高いお金を出していましたから、市もそれで「やっている」と満足したのです。

水野　逆に言うと、いったん出来上がった事業ですから、そこを壊すのが大変でした。その点はどうですか？

「どうして……」「何で……」という利用者の声も当初はあったと思います。

新田　そこはどうやって変わったのですか？

水野　「食の自立」とはどういうことかの理解を得ることだと思います。そして、悪化させない。そのときから介護予防という概念はありました。少なくともいまできていることが落ちることはもったいないです。そのためにはどうするか。そこでヘルパーさんが、いわゆるお手伝いヘルパーさんにならないようにと、利用者さんといっしょに調理する共同調理のプランがつくられたと思います。

新田　おそらくそこから変わってきていると思います。俗に言う二〇〇六（平成一八）年の介護予防は、協働調理であり、協働掃除であり、協働買い物でした。でもそれはできませんでした。なぜなら、ヘルパーさんが来ればありがたいから、そのまま放置してやっていただく。協働調理どころか、まさにヘルパーさん調理になったわけです。

それを、和光市はどう越えたのですか？

水野　この人は調理中で何ができて何ができないかを、最初のアセスメントでしっかりと明らかにして、作ることはできないが献立は立てられるか、洗うことはできるとか、包丁は持てないが手でちぎれるなら手でちぎる料理をしましょうなどと、そのためのヘルパーさんへの研修会はやりました。

入札で複数業者の交代制にした国立市

新田　配食はしかし、配食するだけで終わってしまうと……。

水野　配食は、理由があって必要だという人にはいいと思います。たとえば和光市の場合、常食もあれば治療食もあります。普通は、それこそ「肉三五グラムです」と言われてもわかりませんから、配食を見て「鶏肉だとこれくらい食べてもいいんだな」「味はこのくらいだな」と覚えるには、とても有効だと思います。

新田　なるほど。たとえば、買い物に行くのが大変だから配食しましょうというケースが多いと思いますが、その場合はどうしましょうか?

水野　その方がまだお元気で一時的に足が悪いという状態なら、食材などの個別配達サービスの利用という方法もありますね。

矢澤　たとえば、食べられる機能に応じた配食をしようと理屈では考えても……。

水野　和光市の配食は必要な方には、柔らか食も出ていますよ。

矢澤　柔らか食でいいのですか。でも、ある市の社会福祉協議会に言ったら「コストが高くなるから難しい」という話が出たり「機能に合わせたものを作ろうとするとすごく手間がかかって、配食サービスとしては全然合わない」と言われました。唯一、施設の栄養士さんが「自分のところで利用者向けに普通に作っているから、それを配食にすればいい」と言ってくれたのですが、話はそんなに進まないわけで……。

水野　そうですね。数が出せるわけじゃないし、配る人手があるか……。ボランティアの人がいたとしても、区としてやるなら温度管理もしっかりすることが必要になって、でもそれだけのお金が出せない……。民間ならそういうもので配りますからね。

矢澤　すると、たとえば機能に合わせた食事を出すとしても、柔らか食一種類を必要な人に提供するくらいが、一つの限界でしょうか？

水野　でも、宅配お弁当で柔らか食だけでなく治療食まで出しているメーカーはたくさんありますよ。

矢澤　それは高くないのですか？

水野　自己負担四〇〇～五〇〇円でやっている市町村の配食サービスよりは、配食業者の特別食は高いですね。八〇〇～一〇〇〇円くらいです。

矢澤　でも、やっているところはあるのですね……。誰がそれを熱心にすすめて、そういうふうになったのかなと思うのですが、栄養士ですか？

水野　行政の方向性とやはり栄養士だと思います。

新田　国立市の配食サービスは二〇一四年までは一か所でした。そして、一人暮らしの高齢者で、食べない人たちが増えてきていました。一か所だと食べる人にとっては選択がありません。やはり多くの事業者の参加が必要だとわかり入札をしたのです。

水野　いいことですよね。競争は必要だと思います。

新田　そうです。競争してもらうためです。すると主婦のＮＰＯ法人や障害者団体など一〇か所程度の入札がありました。私たちは全部食べて、値段と量と色などを見て、「糖尿病食ができますか」というようなことも聞いて、まず五か所を可能にしました。そして、配食を毎回代わると大変なので、二か月で次のところに代わる、というようなサービスを始めたのです。市では、それを朝夕一四食保証するという形で出しました。結果的に朝はゼロです。夜の食事を残して賄えてしまうからです。

さらに配食に加えて、閉じこもりをつくらないために必ず月に一回は、地域での食事会に参加するようなシステムにしようということだったのですが、なかなかうまくいっていません。先ほどの配食の問題がそのまま残っているわけです。やはり配食はすごく問題だと思っています。

三か月の配食で自立をめざす

矢澤　配食の社会資源ですが、メーカーや配食業者は一社ではないですよね、おそらく……。

水野　和光市もいろいろなメーカーが入ってきていました。今、コミュニティケア会議に参加している配食業者は、安否確認だけではなく利用者によっては、残食まで見たり、声をかけるだけでなく、玄関まで取りに来られない人だとフタを開けるところまで手伝って、食べるのを確認しています。

矢澤　そこまでやってくれるのですか?

水野　そういうのをプランに入れるわけです

矢澤　すごいな……。新田先生、それ普通ですか？

新田　それは普通です。やるべきです。残食がどれくらいあるかを誰が評価をして、さらにたとえば地域包括ケアのケアに入れるのです。私たちは三か月に一回、その人の体重の変化などのいろんな諸条件をモニタリングしています。

水野　きちんと食べているかどうかを誰がチェックするかと言えば、定期巡回・随時対応のところから来ている訪問型のヘルパーさんが多くしています。プランのなかでチェックする人を明確にしないと「これは誰がすることですか？」と追求されます。

矢澤　そこはさっきの研究事業の後に、努力してそういうふうになっていったのですか？

水野　そうですね。研究事業後、国からどこの市町村も、配食サービスするには、アセスメントを実施して、会議をすることに決まりました。食を通して利用者の自立支援に結びつけたかが、問題です。

新田　それがとても重要です。おそらくかなりの数の市が配食サービスをやっていますが、それはバラマキ的な意味のサービスです。高齢者のために市がそういうことをやっています、ということだけなのです。そうではなくて……という話ですよね。

水野　一つのツールというか、ちゃんとしたサービスとして見ていかないといけませんよね。いつまでも漫然と「昼は配食弁当が来る」ではなくて、三か月後には、料理は作れなくても、管理栄養士の食の自立支援のための訪問栄養指導のサービスで、いっしょに買い物に行って、配食のお弁当に近いものを買い揃えることを学べます。あれとこれと組み合わせると、あのときのお弁当と近いものができる、ということを学ぶのです。

矢澤　そういうプランをつくるのですか？　最初にアセスメントして……。

水野　そうです。だから三か月後には配食なしでもできるようにする。そこがないと、ずっと配食を続けていたら、保険者は弁当屋さんになっているのと同じです、委託しているだけで……。

新田　その通りです。

矢澤　すごいなあ。しかしそういうことか……。それは、小さな市だからですか？　意識の問題ですか？

新田　意識の問題だと思いますよ。意識をもてばやれなくはないけれども、それはトータルな意識です。

水野　その後、食の自立支援サービスの配食の必要性を認められないときで、配食を利用したい場合には、自費の配食を取ってください、市からの援助はないですよ、ということです。このような方のなかで、数年後に何かの理由でまた必要性がある場合は再びサービスを受けています。

新田　そこですね。それがバラマキかバラマキでないかの差です。

水野　そのためには、その人が配食から次に移行できるためのサービスを周りが三か月間、きっちり取り組む必要があります。ご近所の親しい方がいらっしゃるなら、そういう方たちにまで声をかけたり、たとえば糖尿病のコントロールが悪く、カロリー・塩分制限食の配食サービスを利用している方が、宗教をもっているのでそこの家に多くの人の出入りがあり料理の差し入れもあるというのでしたら、集まるときに、地域包括支援センターの管理栄養士である相談員が出向いて、「食事のことで来ました」と……。「栄養指導に来ました」ではなく「今日は相談員として来ました。管理栄養士でもあるんです」と言いつつ、「せっかく差し入れをしてくださるのなら、こういうものを作って来ていただけたらいいですね」とか、そういう形でアドバイスすればできると思います。

矢澤　かなり先を走ってらっしゃいますね……。

食を通じて生活をトータルに見る

要介護3になっても施設入所しない取り組みを

新田　おそらくその基本が、さっきのコミュニティケア会議ですね。

水野　地域包括支援センターの方やケアマネジャーのみなさん、若いのにすごいですよ。やはり自分がいいと思って立てたプランと事業者のプランを見て、お互いに共通の目的をもって取り組むことで、車いすだった方が歩行器になっているとか、そういう変化を実際に見ていったことが力になるのでしょうね。そういうことがしたくてケアマネジャーになっている人たちですから、自分が担当した利用者さんの変化がうれしいのだと思います。

新田　和光市の結果を見ると、なぜＡＤＬの機能が落ちるかというのは、本当はきちんとサポートができていないからということですね。年齢に伴って自然に落ちるのはそんなに多くなくて、いわば廃用に近いもので落ちると、そういう結果を出したわけですね。歩かないから歩けない。同じようにお口においてもお口の廃用ですか？

水野　そうですね。だから、認知症の人だから動けない、で終わらないで、単に認知症が原因で廃用になっ

ていると性急に結びつけずに、たとえ認知症のどんな状態になったとしても、歩くこと、噛むことを含めた残存機能にこだわり、その方が歩く距離が延びるかとか、いかに食べることができるか、ということを考えないと……。

新田　だから食べることも、単に食べることから、トータルに見て食べることになっていくわけですね。

水野　そうしないと、逆に言えば食べることがエサになってしまうのではないかと思います。ただエサをくれて、これには栄養があるし、これを食べていたら死なないし、すべての栄養素は賄えていると言っても、それは人として楽しいものではありません。

新田　和光市には特別養護老人ホーム（特養）が五〇床しかありません。特養をつくらないのです。療養型病床から出て和光市に来ている人たちもいます。受け入れているのはサ高住(サービス付き高齢者向け住宅)などです。そのサ高住も、勝手にではなく、和光市の計画のなかでつくられています。だからサ高住のなかに住んでいる人のケースも、そのコミュニティケア会議に出されます。民間任せではないのです。

矢澤　どうやっているのですか?

新田　そこなのです。実はそれ、介護保険法のなかでできるそうです。デイサービスやサ高住は国交省が主導だから自分たちが自由にタッチできるものではない、と全国の市町村は考えているようですが、実は介護保険事業計画のなかに組み入れてつくることができる、という話です。そのなかできちんと適正配置をすれば、たとえばデイサービスが過当競争にならずに事業体も成り立つと。さらに和光市は、要介護3になっても施設に入所しない、ということをやっています。

水野　施設にあって在宅にないものは何か、どんなサービスが入れば施設に入らなくても在宅でいられるか、というその視点で在宅サービスをつくっていますね。

新田　そこですが、たとえば食べることをどういうふうに考えるのですか？

水野　サ高住に入っている方で介護保険を使ってサービスを受けているときには、そこの食事ならもうそれでいいではなくて、やはり入居者にどういう食の注意が必要かということを見てほしいと思います。全国的に見てサ高住の食事は直営で作られているより、外からクックチルドといって加熱調理したあと急速冷却したものを搬入して、三度以下で保管し、加熱したものを提供しているところや、食事サービスは委託業者にこういう食事とこういう食事を作って一か月いくらという契約でしているところが増えていると思います。直営であれば献立を立てている管理栄養士と食堂にいる職員が同じ職場の仲間ですので話し合いがしやすいですが、ほかのサービス事業者との話し合いをしなくてはならないとすると、一人ひとりの口腔機能に応じた、食形態で栄養を確保した食事やその人に合った治療食を提供にしてもらうのは大変ですけれども、やはりそのための働きかけは必要だと思います。「このお金でこれ以上のサービスの食事は出せません」「あ、そうですか」では終わらないようにしないと……。

新田　その摂食嚥下評価はどうしているのですか？

水野　和光市は地域包括支援センターの介護予防リスク確認の中にも、またサービス提供事業所（訪問・通所）のアセスメントの中にも、口腔機能向上のチェック項目はしっかりありますので、口腔機能向上の必要な方はプランに入ります。サ高住に住んでいても当然このプランは入ります。和光市には口腔ケアステーションがあり、口腔機能低下の見られている方、リスクのある方へは歯科衛生士が訪問して、口腔機能のアセスメントや機能訓練などの指導を行うサービスで、介護予防の効果が出ています。とはいえ、これだけでは、摂食嚥下障害の方へ十分できているとは言えません。東京都北多摩西部保健医療圏の摂食嚥下システムの取り組みのように主治医の先生が、自分ができないときにはVF（嚥下造影検査）、VE（嚥下内視鏡検査）ができる医師や歯科医にSOSを出せるシステムができるとよいのではと思います。

新田　その通りです。

包括支援センターに栄養士を配置する

矢澤　こういう水野さんを東内さんが見つけたわけですね。そして場所と役目を与えた……。きわめてまれですね。全国を見渡してもないでしょう。

新田　私も、そこが驚きだったわけです。それは、いままで話したように、会議のなかでの彼女の発言がまさにピッタリなのだと思いますね。

矢澤　みんなが「なるほど」と思うから、来てもらいたいと……。

新田　そう。単に食べることだけでなく……。

矢澤　栄養士の機能がきわめて矮小化されているなかで、本来の食ということ、さらに食を通して自立まで考えてアセスメントしたりプランニングに介入するというのは、すごいことですよね。

水野　配食サービスは、食の自立支援の観点から食関連サービスを調整する会議にかけて行うというもので、モデル事業で、私がその会議に出たのがきっかけで、その後もずっと和光市に関わらせていただいています。

矢澤　なるほど。何でもそうですが、歴史があるわけですね。

水野　私も月に二回行っているだけですから見えないところもたくさんあります。地域包括支援センターに相談員として管理栄養士を入れていますから、配食サービス利用者の把握や食に関するケアプランには強いと思います。
矢澤　地域包括支援センターに栄養士がいるのですか？
水野　現在五か所の地域包括支援センターがあるうち二か所にはいます。またＮＰＯ法人の管理栄養士ステーションに、先ほどからお話ししている訪問栄養指導や栄養の介護予防教室、高齢者等の孤立予防や世代間の地域交流の場としての「まちかど健康相談室」を委託していますので、身近に管理栄養士がいます。
矢澤　やはりすごい。東内さんがそういうすごいビジョンをもっていたということですか？
新田　そうですね。そこまで入るビジョンはないですからね。

すべてを根本的に変える発想の転換

生活の視点で自然に考える

新田　おそらく、システムをつくるのではなくて最初の概念というか、発想転換ですよ。規範的統合という言葉がありますが、これは多職種の人が同一方向を向く、たとえ要介護になっても生活が保たれること、歩くこと、口から食べられること、そして、行事に参加する生活がきちんとできることが本来の目的ですからね。その目的がどこかで歪む。何かシステムをつくることによって歪む。配食サービスだったら配食で満足してしまう、ということですね。

水野　食べることは何だろうというときに、「だって食べないと元気もらえないもん」というくらいのほうが自然なはずですが……。

新田　おそらくそこで、カロリーとか栄養というのは、最後に計算するとこれで十分だという話です。それを私たちは逆から、「何カロリー必要でしょう」などと数字から入るわけです。

水野　群馬県で訪問栄養指導をしているとき、これだけ摂らないと生命保持ができないとか……。でも逆に言えば、在宅で療養していらっしゃる方々は、「どれだけ食べりゃあ生きていられるんだい」という言い方をなさいます。

いま言われたことは、これまでの栄養士さんの考え方として、何カロリー必要だからと数値からアプローチした傾向が強かったのは否めないですね。これは国民も、どれくらい食べられたら生きていけるのかと数字にとらわれていたきらいもありますので、私たち栄養士は発想転換した形で、食べることの原点の重要性

和光市ヘルスサポーター養成講座

を伝える役割を担っていると思います。

一方、私が出席している和光市のコミュニティケア会議中央会議では、より早く要支援から軽度要介護の人たちに介入することにより、重度化することを防いでいます。それは重要なことだと思います。会議には、最初にプランをつくってきますから、そのプランに対していろいろと助言者も含め参加者から多くの意見が飛び交います。そして保険者は、介護保険・医療保険だけでなく生活支援など、多くの制度が切れ目なく提供されるようにします。地域ケア会議で多職種連携、プラン調整することでまだ高齢化率が低いいまのうちに介護度の低い人をしっかりケアしておけば、4、5は増えないだろうというやり方なのだと思います。

矢澤 介護認定調査もよその市町村だと、一年後には要介護度が上がって当然のような……。そう思ってしまっていますよね、実は。

水野 要介護度が上がることがごく自然の流れと考えずに、悪化を食い止めたり延期させることが大切です。ですから、本当に食い止められなかったのかを考えることです。その点、地域支援事業における新しい介護予防・日常生活支援総合事業（要支援1、2、それ以外の人）のサービスがしっかりあり、要支援から改善されたのちのサービスや自主グループも数多くあるというのが和光市の強みだと思います。介護保険の非該当の方への働きかけは、本当に重要だと思います。

病院的発想をしない

矢澤 勉強会などをすると、行政もどう手を打てばいいのかというような、すごく難しいケースがよく出てきます。そうではなくて、もっとシンプルなのですか？

水野　いやいや、難しいケースもあります。たとえば親が要介護になったとき、障害がある子どもはどうすればいいのか、というようなケースもあります。

矢澤　そういうときは、みんなで知恵を出し合うのですか？

水野　会議には、最初にプランをつくってきますから、そのプランに対していろいろと助言者も含め参加者から多くの意見が飛び交います。そして保険者は、介護保険・医療保険だけでなく生活支援など、多くの制度が切れ目なく提供されるようにします。

新田　国立市で、たとえば地域ケア会議をもう一八回まで回数を重ねてやりましたが、最初の六回くらいは、出てくるのがみんな困難事例でした。そうすると、いくらやってもみなさん疲れるだけ。結果が出ないでしょう。だからやめました。

それで、もっと当たり前でありふれた事例に切り換えたわけです。そこでしっかりと地域の意見に同意する工夫をしました。たとえば要支援なら要支援状態から離脱し普通の人になる、要介護なら要支援になるために何が必要かを考える。認知症の軽度の一人暮らしへと……。切り換えたとたんにみなさんが、ちょっと活気を取り戻したのです。

絶対数としては、当たり前の事例のほうが多い。九五％です。五％はやはり、どんなに行政がしっかりしてシステムができても、大変な事例として残りますけれども……。

最初から聞いていて和光市の場合はおそらく、日常課題となる事例があり、それに関わる多職種ができてしまった。しかしながら他の地域ではなかなかできていないという、その差だろうなと思います。

もう一つ、さっき数字の話をしました。基礎代謝があって、これだけのカロリーが必要で、これだけ食べないといけないと……。だんだん食べられなくなる人について、「やはりこれだけのカロリーが必要だよね」という話をよくします。それが従来の栄養管理の発想でした。そうではなくて、その人にきちんと居場所があって、何か参加するものがあって空腹感を満たせて、食べられる限界値があれば、それが基礎代謝の限界値だろうな、と思うのです。

水野　基礎代謝にこだわりすぎているのかもしれません。

新田　そうです。基礎代謝率は基礎的な知識としては知っていることが必要ですが、あまり意味をなさないかもしれません。

水野　あくまでも私的に言うと、栄養ケアマネジメントは、やはり発想が病院なのだと思いますね。生活の場からの発想ではありません。多職種連携によるマネジメントということはよいのですが、栄養管理だけにとらわれているのではと思います。

低栄養の方や筋肉量が減っていわゆるサルコペニアみたいになっているのに「その人が食べているのだからこの量でいい」とは言いませんけれども、その方が楽しく過ごせて笑える時間をもち続けられるならば、それが必要摂取量ではないか、と私は思います。

笑顔でアセスメント

水野　栄養管理のなかに、一日何回くらい笑えているか、笑顔があるかどうか、唇がへの字になっていないかどうか、そういうアセスメントが必要だと思います。それがなくて、いくら検査値がよくなっても、元気とは言えないのでは。笑っている自分の声によって元気になれるのですから、人の笑い声じゃないと思うのです。

新田　それは正しくて、在宅等も含めて、検査はすべて補助手段です。

水野　どうしても外からは見えない部分を、ちょっと垣間見ることですよね。

新田　最近のことでは、九一歳の方に腹部腫瘤があり、検査では肝臓にがんがありました。その方は認知症もありました。補助として検査数値、画像診断を私たちは参考にするけれども、それが主眼ではありません。この人にとって、あとどれだけ笑える時間を過ごせるかどうか、ですね。

水野　残された家族も、お母さんお父さんを送った後に、生前の親の笑顔が浮かんでくるかどうかは、すごく大事なことだと思います。

私は訪問栄養指導に行くときや脳神経外科医の院長先生の訪問診療に同行させてもらったとき、もちろん栄養状態のチェックもしますけれども、それより先に食事をどこで食べているのかをまず見ます。自分の六畳なり四畳半の部屋で、一人で食べているのか、この方をなんとか連れて来て家族といっしょに食べることが可能かを考えます。寝たきりの方も食を通して、在宅での楽しさが味わえます。食事はむせこみがあって家族と同じものは食べられないが、プリンならいっしょに食べられるというので、「おじいちゃんの部屋に行って、みんなで食べようよ」と言えるお家の環境をつくる必要があります。

何カロリーの何かを摂るより、私はよほど笑顔でいっしょに食べることができるプリンのほうを大事にしたいと思います。「えらいですねぇー。お孫さんがおじいちゃんのためにプリンを買って来てくれたんだ。あそこのプリンだと食べられるんだ」と……。

「あそこのプリンは食べられるけれども、ほかのところのは甘すぎるからムセてしまう」それを家族がよく知っていて「安いけれどもこのプリンが一番いいんです」と、そういうお家には「いい食事をしていますね。

これからもがんばってください」と言います。

家族と同じものを食べること、家族といっしょに食べる時間があることは、在宅で療養しておられる方にとって、どんなにかうれしいことだと思います。

新田　飯嶋勝矢さん（東京大学高齢社会総合研究機構准教授）のデータの中に、一人でいる人のほうが独立心が強く、自分の口でしっかり食べることができて、家族といる人より健康だというものがありますね。

水野　一人暮らしの男性の方の気負いはすごいですからね。ここで自分が変な死に方をしたら、遠方の娘に何とか、婿に何とか、近所に後で笑われるとか……。ですから、一人暮らしの家に訪問栄養指導に行くと、「うわぁ、こんなん教えてもらえた」とすごく喜ばれます。また男性の介護者は、それまで調理をやっていなかった分、教わったことを繰り返しやって要介護の奥さんに食べさせようとか、もしくは一人暮らしだから間違いのないようにしようと、食に熱心な方がいます。

女性の場合は、「ちょっと今日は忙しいからやりたくないわ」「一人だから」と「ナントカだから」がつくことが少なくありません。やる気があれば調理くらいできるという気持ちが自分のなかにあるからですね。

高齢者教育もするべき

水野　二〇一四（平成二六）年七月から二〇一五（平成二七）年一月まで、群馬県館林市のＮＰＯ法人のグループホームをはじめ多くの介護事業をしているところが運営する地域の方々にとっての居場所となっているところで、料理教室的な食事会をやりました。いわゆる地域の居場所での食事に関する介入で、歯科衛生士さんと入りました。毎月一回テーマをつくって六回実施しました。ガスが二口あって流しがあるだけの普通の家です。多いときは三〇人近く集まりました。

そのなかで一番感じたのは、やはりゴチャゴチャですが、やったらすごく楽しかったということでした。当たり前とわかっているけれども、やはり面白い……。保育園が休みだからと孫を連れて来た人がいると、自分の孫はもっと大きいという高齢者も懐かしがっていました。ガスが足りなくて薪でたき火をして豆乳鍋をつくって、ガヤガヤ楽しく食べました。そのなかでも卵を講話の中で出し、卵料理もしてその重要性を語りました。

「こういう、自分たちで作ってみんなでいっしょに食べる食事会はいいね」「毎月ここに来ると勉強できて女学校の時のことを思い出した」と誰もに楽しんでもらえました。調理室がなくても、地区の小さな公民館でガスがあればどこでもできます。もしガスがなければ卓上の電磁調理器でもホットプレートでも、やろうと思え

学んで、調理して、おいしく食べて、健康長寿をGETしようをスローガンにしての食事会

ばできます。やはり匂いがあったり煙が出たり、そういうなかでの交流事業や栄養や食事についての勉強も取り入れた食事会が大事ではないかなと考えました。

矢澤　そういう研究をしたのですか？

水野　そうです。神奈川県川崎市の柴田範子さん（ＮＰＯ法人楽理事長・元東洋大学准教授）が代表で、群馬と川崎で比較しようとしたものでした[2)]。柴田範子さんも、先ほどお話しした「食の自立支援研究事業」のときに、介護福祉士として委員に入っていました。それがきっかけでずっとお付き合いをしています。川崎の参加者のほうが年代的に少し上でしたが、似たようなことを行って比較しました。そのときにアンケートを取りました。やはりみなさん、老化とともに固いものが食べられなくなるということは当然のごとく知ってらっしゃいますが、嚥下障害なんてつゆ知らず、という状況でした。

最期、管につながれた死に方をしたくないのは誰もが言う言葉ですが、どうして管になってしまっているのかということについては、何の情報もなかったのです。また低栄養予防することの意味やその方法について、学んだ経験はお持ちでなかった。

私はだから、義務教育であれだけ国をあげて教育をするのなら、六五歳になった時点で、これとこれだけはクリアしましょう、お食事は食べましょう、こうなったときはこうしましょうという高齢者教育もするべきだと思います。

そうやってごく自然の通り道として、生きている間に、私はこういうことをされたくないとか、死に方はこうしたいという勉強も入れていく……。不安がいっぱいありすぎるから、年を重ねていくことがちっとも楽しくないのです。これから先は灰色か黒い世界に入っていくように感じるのは、これだけの長寿国になっておきながら、すごくもったいないと思うのです。

新田　メタボ概念で太ることの害が言われ続けてきました。柏スタディーにおいて証明していますが、痩せることによる要介護の発生がより高い、あるいは四〇歳から五九歳までのメタボの方は心血管死・全死亡は高いが、六〇歳以上の方はメタボ、非メタボの有無との差がない結果が出ています。俗に言う「健康」と「虚弱」といういわゆる医療概念のみでなく、もう一つ老いても「豊かに生きる」ことが必要だと思っています。死ぬのにも、豊かに生きることが必要です。健康を生きる、虚弱になって落ちる……だけど、一方で豊かに生きることが必要だろうと思います。

これは、総合支援事業にAとBのボランティア介護をつくるという話がありますが、そのAを介護だけでなく、たとえば宗教、生きるという哲学、介護の話や食べることを含めて、全体の教育課程をつくり上げたプログラムが求められます。

同じ発想です。六五歳以上になってヒマな人をもう一回地域に戻すという、やはりそこですね。

水野　ボランティア養成に関わらせていただいていますが、みなさんとても熱心で地域の中で活躍なさっています。これまで知らなかったお隣近所に、こんな人がいたんだとか……。年収は目減りしても、仕事をしないで何とか食べていける術を自分たちの力で見つけて、働かなくてもこれだけやれて、ここに住んでいてうれしいと思えるように……。

新田　そうそうそう、その通りです。いま私たちに求められるのは、元気なとき、たとえば要介護になっても生きることができる地域づくりです。そのために食べることは重要な視点です。

発想のルーツ

矢澤　水野さんのような視点でやってらっしゃる栄養士さんは少なくないですか?

水野　正直言って私、栄養士活動しているところは「地域から声をかけていただいたところ」です。クリニックだけで病院に勤めたこともありませんし、NST(栄養サポートチーム)の経験もありません。

ただ、一九九一(平成三)年一〇月から群馬県館林市で、寝たきり高齢者訪問事業の訪問栄養指導をやらせていただきました。介護保険の前ですからその縛りがなかった分だけ、いまでいう要支援1、2の方から要介護4、5ぐらいの方まで、保健師さんが行くような感じで、食の部分でどんどん非常勤栄養士として行かせていただいて、そこで多くのことを本人・家族・関係職種の方から学べました。一番初めに行ったところで「お医者さんからは、止められているんだけど、どうしても食べさせて、お父さんを逝かせたい」という家族の切なる希望を在宅で聞けたのが、よかったと思います。二〇年以上前のことですが、忘れられないひとことです。

介護保険が始まってからは、対象者は変わりましたが、結局、十何年訪問栄養指導をこの市でやらせてもらいました。介護保険が始まる前でも、市の社協のヘルパーさんから「食べない人がいるから、いっしょに来てほしい」と言われ、多職種協働という言葉も聞かなかった時代に、現地に何時集合ということもしました。私、ヘルパーさんに「この味付けではこの方には濃すぎます」と言ったり、またあるときは、ご本人に「ヘルパーさんが作っているものに間違いはありませんから、これを食べてくださいね」など、そういうことが言えました。

こうして私は、行政から入ってきたのです。市の保健サービスでの訪問栄養指導ですのでお金もかかりません。みんな「来てちょうだい」でした。でもそれが本当に一〇〇%受け入れられていたというのはうぬぼれだと思います。ややこしいことになるのなら、まあ一時間我慢して聞いていようか、という方もおられたことでしょう。長くさせていただいたので、いろいろな方との横の関係もたくさんできましたし、市役所でやっていた困難事例の検討にも出席させてもらえた時もあったので、それらも現在の和光市での仕事に生かせていると思います。

新田　病院にいようがどこの経歴を経ようが、水野さんのような発想の方は、どの職種、また市民の方にもいま求められます。私たちが最期を迎えるまで、豊かに生きることを考えの基本とすれば、同じ視点に到達します。

研究も食に始まり食に戻ってきた

新田　おそらく最初の研究として一八二五（明治二五）年に、九州大学に貧血で入院した人の事例が一つあります。それはまず食べる話です。栄養として何を食べるか。それを毎日食べて、最後の治療薬はヒ素です。ヒ素を治療薬に使ったところが、ちょっと興味深いですね。

結局、大学でももともと食べることから研究していたわけです。それがどんどん忘れられてきて、何となく栄養学も含めて数値化されるようになりました。そういう状況のなかで、やはり人生の最後の段階で、どうやって食べるのかということが問題になりました。よく考えてくると結局、健康と虚弱と介護の二次予防というところに戻ってきて、その二次予防のなかの一番は、食べること、動くこと、参加することという話で、また食べることに戻ってきたのです。

なぜかと言うと、二〇〇六年のいわゆる介護予防が結果を出せなかった。筋力トレーニングだけを強調したものでした。Ｐａｒｔ２の座談会１に「三位一体」の記述がありますが、筋力トレーニングだけでなく、栄養、社会参加も必要でした。要は普通の生活をするということなのです。

水野　そうなのですよ。小さいときに、せっかく学校給食を六年ないし九年食べて、お昼もしっかり食べることを身につけていたはずです。それなのに、今日は夕飯をいっぱい食べるからお昼はパンだけとか、お昼は食べるけど朝はないとか、コーヒーとクロワッサンだけみたいな食事をして、他の二食がまあまあ揃っていればまだいいけれども、それもまたちょっと崩れていたり……。これでは、若いときは何とかもっていても、高齢者になって量も全体的に少なくなれば、栄養失調状態になっていきます。そういう食育がどこにもないのですね。

新田　その話は結果として、私たちもやはり家族・環境、あるがままの生活をみることができなかったと思うのです。ところが現実の世界は、やはりこれだけ高齢者が多くなり、一人暮らしや二人暮らしの老老家族になり、そこに環境と社会性が加わってきたのです。食べられないのは、身体的要因ではなく環境と社会性だったのです。

そのなかでこの人たちがどうやって虚弱を防止するかということで、食べる、もう一回、社会性と環境を取り戻すという、決して運動することだけではないという話になるわけです。

矢澤　その通りです。

水野　「じゃあ買い物に行けばいいじゃない」と言われますが、買い物に行く足がないし、高齢者がたくさん住んでいるところでも買い物ができる商店街などの場所もなくなっています。それを、ここだけ栄養補充しておいたらいいという捉え方や、加算ができるからデイサービスに来ている人に栄養管理をする。そうではありませんね。そうなるのがちょっと怖い……。

食が生活の確保につながるからその人たちの食を確保しなければならない、という発想になっていないのが困りものです。

新田　それは、おそらく究極の世界が、私は施設だと思います。特に要介護4、5を扱う特養です。その世界は、きちんと計算された何でもいいからカロリーを与える。そうすれば安全だと。家族もそこに入っていれば安全で、生命だけは保つという、そこになってくるだろうなと思います。

今日話したのは、そうではありません。どこにいても、たとえ施設でもどこでもかまわないけれども、その人をきちんと見て、笑顔が出る社会。それは生活の匂い、音がある、本人にとって居心地のいいところです。

水野　本当に「おいしい……」なんていう顔が出る社会ですね。

新田　すべてを根本的に変える、そんな発想転換が必要ですね。

参考文献

1）地域保健研究会監修『「食」の自立支援の考え方と実務マニュアル』東京法規出版、2003

2）研究代表柴田範子「平成二六年度一般財団法人医療経済研究・社会保険福祉協会研究費事業『高齢者の栄養摂取に関する調査研究』〜高齢者の食事内容・嚥下機能の調査から、真の生きがい向上へつなげる一提案」2014

5 栄養の意味を問い直す

地域、在宅での栄養の重要性と課題

新田國夫（医療法人社団つくし会理事長）

↓在宅高齢者の栄養評価に何が必要か

❶在宅療養の栄養評価は的確か

在宅療養における栄養サポートは、果たして的確に行われているのか。現実的にはほとんど行われていないと言ってもよい。仮にできているとの評価に対しても、疑念を感じている。なぜできていないのか――。

生活者は多角的、多面的、そして多様である。さらに多種な病態像が加わる。個別栄養評価を行わなければならない。多角的、多面的のなかには、環境因子がある。一人世帯、高齢者世帯、あるいは同居していても食事が別であることも多い。

個別評価では生活の流れの時間軸がある。病的状態になる以前では、生活習慣病の予防のために栄養が抑えられ、そして高齢になると食習慣を抑えてきた傾向がある。しかし病的状態になると、その原因として低栄養が指摘される。そして、病態像の改善のために今度は過栄養となる。ただし、筋力量が増加しているわけではない。

このような状態のなか、地域では、栄養に関する評価を誰が行っているのか。筋力量と栄養を把握しているのだろうか、地域の実態として、摂食嚥下障害の対応と同様に、栄養は遅れた分野と言わざるを得ない。栄養に関して医療的知識を持たねばならない在宅主治医、訪問看護師は、普通食、経管栄養、経口、経口と経管の併用の在宅療養患者における栄養に対して、どの程度関われる能力を持ち合わせているのか。脳血管疾患、がんの末期、神経難病、廃用状態の高齢者、それ以前にいわゆる高齢者に対して、どのように栄養についての話をし、あるいはその他の疾患を含めて栄養管理をしているのか、あるいはしていないのか――。

❷高齢者に適切な指標がない

病院から在宅へ移行した患者の多くは、病院における栄養管理の状況が継続する。この場合、その栄養投与が在宅でもふさわしいのか、再検討されなければならない。生命維持としての病院管理と、個々人のＱＯＬを重視し、かつ家族負担のない栄養法には、自ずと違いがある。

たとえばがん患者においては、抗がん剤治療による摂食障害を併発したとき、がん性イレウス（腸閉塞）の状態像における栄養と、緩和医療に切り替えられたときの栄養、さらには終末期における栄養は明らかに違う。できる限り口から食べる意欲と、楽しみを主体とした栄養管理を求める。

しかし、抗がん剤の副作用による味覚障害が併発し、食欲がまったく生じない、あるいはがんの状態像そのものから食欲が生じないことも多々ある。このようなときの必要基本栄養量の設定は、結果として低栄養になる。低栄養は終末期の苦痛、喘鳴の減少など、症状の軽減となる。こうしたことはすなわち、標準栄養指標がアテにならないことを意味する。がん患者には特に、生きる満足度の意欲の指標が必要である。

さらに、地域での在宅栄養評価は認知症、あるいは高齢になる人に対して適切な指標を持たなければならない。健康時の栄養指標は肥満、高血圧、糖尿病などの生活習慣病に対する予防指標である。

現在、全国で行われている特定機能健診は健康の維持のために数値目標を設置し、その数値から外れた人たちに栄養、運動を指導している。そしてその数値が四〇歳以上、高齢まで一様に使用されている。後期高齢者になってもコレステロール値は同一基準で評価されている。

コレステロールから胆汁酸、性ホルモン、副腎皮質ホルモン、プロビタミンD_3がつくられるが、そのなかでＬＤＬ（悪玉）は動脈硬化になりやすいことで注目され、コレステロールに対する栄養評価の基準の基礎となる。よって、コレステロール摂取が多すぎるとＬＤＬが増加するために、栄養についての指導がなされる。

そのために摂取基準量の目標が設定されている（男性〇・七五ｇ、女性〇・六ｇ各未満）が、年齢基準がない。高齢になってもこの数値が守られなければならないのか、高齢者にとっての信頼すべき値がどこにも示されていないのが現実である。高齢者の過栄養の問題であるのか、あるいはむしろ、虚弱に陥りがちな高齢者に必要とされる栄養なのか、こうした矛盾が在宅高齢者の栄養問題にもつながる。

❸在宅高齢者の低栄養の要因はさまざま

一方、在宅高齢者の低栄養の問題は、さまざまな原因がある。高齢者が食欲不振になる要因は病的状態からだけではない。高齢になり多剤の投薬を受けていることが多く、薬の副作用としての便秘など消化管活動の低下から、さらには精神機能の低下から、あるいは単独世帯の増加に伴う孤食そのものが、食欲の低下をもたらしている。

また、高齢世帯では配偶者の死といった環境要因も食欲低下の大きな要因となる。問題は誰がそれに気づき、どのような対応が可能かである。

さらには、誰もが病的誘因を持っている。慢性呼吸器疾患、循環器疾患、感染症、精神疾患、認知症、がんにより食欲低下になりうる状態である。加えて高齢期を生きることは、慢性の低栄養状態を潜在的に引き起こしている。

低栄養は明らかに活動能力を低下させる。高齢者の状態像は病的な状態から低栄養をもたらす場合、さらには低栄養が病的状態のさらなる悪化をもたらす場合が考えられる。この範囲が一人ひとり違う。

正常から潜在的な欠乏状態に陥っても人体に兆候は認められず、それを老いと見なしている。生理的変化、あるいは形態的な変化（痩せる）、そしてさらに栄養が欠乏したときには、感染症などの病的変化をもたらす。その結果、その時点で同一個人でありながら急展開をする原因となる。

急展開の基準は、ここでもまた一般成人の基準値にすりかえられる。高齢者の基準は生活能力、意欲、食べること、動くこと、笑顔、排泄の別の指標にて測られねばならない。一般成人の基準が評価対象ではない。

さらに基準値の違いがあるにもかかわらず、病的状態として治療し、病態の基本的治療が食摂取を低下、不可にさせるために、栄養状態の回復が必要となるが、この栄養状態の評価基準をどこに置くのかが問われる。タンパク質、エネルギー低栄養状態（ＰＥＭ）に陥っていることが多く、アルブミン*値の基準値三・五ｇ以上を正常値とするカロリーを設定しなければならなくなる。

この設定カロリーの過剰が、日常の阻害因子となることもある。なぜならば、必要カロリーの投与のために、入院、ＰＥＧ（胃ろう）設置、あるいは経管栄養が選択されることもあるからである。

❹一人ひとりの健康概念の形成

健康な高齢者は、どのように痩せていてもアルブミン値が正常範囲にあることも事実である。これをどのように考えるか。この場合は個人にあった栄養成分とその利用効率が適切であり、人体を正常な状態像に置

*アルブミン＝血中タンパク質の五〇〜六五％を占め、体を動かす上で重要な役割を果たすタンパク質。老化で減少しやすいことから、老化状態を計る目安ともされている。

いていると考えられる。

個々人の栄養価の評価を的確に行うためには、消化、吸収、代謝といった生理的、生化学的な課題と、それぞれの食生活習慣も含めた適切な指標を持ち合わせることが、困難ではあるが必要である。高齢者の多くは多数の疾患を抱えながら健康を維持することを望んでいる。基本的に正常値医療を行っている世界では、高齢者の多くに当てはめることができない。総合評価、診療のなかで一人ひとりの健康概念を形成する必要がある。

↓何となく不健康な在宅高齢者

❶疑問に満ちた「正常値」

必要カロリーは基本的に、個人の必要エネルギーから設定している。日本において必要エネルギーの基礎であるエネルギー消費量は、基礎代謝を基準として算出されている。この数値に生活活動に必要とされるエネルギー量を加算した値が必要エネルギー摂取量である。

基礎代謝量は、前日の夕食として軽い摂取をした後、何も口にしないで、食後一二～一五時間経過の覚醒時で、二〇度の室内において安静仰臥位の状態で測定されるエネルギー代謝量とされている。結局は安静時エネルギー消費量になるわけだから、基礎代謝量と数字は違いを見せる。

このような数字の設定は、医療のさまざまな領域で見ることができる。特に高齢者医療の正常値の原点には、さまざまな疑問に満ちた「正常値」がある。

在宅での混乱のもとはここから発生している。体重あたりの基礎代謝は、二〇歳以後は漸減する。六〇歳代ではマイナス一〇%、さらに高齢になると漸減する、とされていた。しかし最近の知見では、安静時エネルギー消費量は二〇歳以後高齢になっても、男女比も、それほど変化がないことがわかっている。つまり、在宅高齢者も安静時エネルギー消費量は多く設定しなければならないが、実際は低エネルギー摂取でいることが多い。

また、低エネルギー摂取でありながら、経口摂取をしている高齢者は必要量のアルブミン値を示していることもある。これは栄養価と利用効率の問題と考える。現実に高齢者のエネルギー消費量が的確に評価されているわけではない。そのためにこうした矛盾が成立していると考える。

病態像の違いにより大きな差があることは明らかである。安静時エネルギー消費量は重症炎症性疾患ではおよそ二〇%亢進し、低栄養、ベッド上寝たきりでの廃用状態では逆に同レベル低下するが、疾患、状態像により格差がそれぞれ発生する。

また別の知見では、入院患者の高齢者の安静時消費エネルギーは女性四二二〜一九〇九キロカロリー(平均値九六五±二四五キロカロリー)、男性四七五〜二二五三キロカロリー(平均値一〇四八±三二九キロカロリー)と大変幅広い数値を示している。エネルギー消費量の推算式を用いても同様である。

あくまでも推定数字にすぎないが、この幅の広い推定数字から私たちは何を学ぶのか。在宅で簡易に測定されるTP(総タンパク)、アルブミン値、貧血の有無が結果基準となっている。この数字の不安定さと、時間軸の長さに、アルブミン値が三・五g以下としても、口から食べられる人は満足してしまうのである。

64歳男性（短腸症候群）	
総タンパク	3.9g/dℓ
アルブミン	1.8g/dℓ
コレステロール	90mg/dℓ
LDL（悪玉）コレステロール	41mg/dℓ
HDL（善玉）コレステロール	35mg/dℓ
中性脂肪	89mg/dℓ

この男性は現在、普通に食し、下痢もなく暮らしている。その後、腹水、下腿浮腫が出現し、低タンパク、低アルブミン血漿が著明ながら、一人で暮らしている。

❷摂食嚥下機能推進モデル事業から

私たちの地域では、摂食嚥下機能推進のためのモデル事業を行った。その際に検討したことが、在宅地域で栄養状態にアプローチするための問題点と、多くの点で類似する。地域の高齢者施設、在宅での実態把握と課題分析をし、その対応策を検討した。

そのときのアンケートでは、利用者の誤嚥やむせ、食事摂取に対して困っている実態が浮かび上がり、さらにはその問題に対して、相談できる専門家との連携がない状況が明らかになった。

・家族に対しての摂食嚥下に関する知識情報が少ない。
・摂食嚥下のスクリーニングが確立していない。
・摂食嚥下障害を疑ってもどこにつないでよいかわからない。

以上が、摂食嚥下機能についての課題として列記された。

栄養の問題を考えるとき、第一に栄養に問題があるかどうかの認識を誰が気づくのか。おそらく家族の栄養の知識は曖昧であるに違いない。第二に、栄養の問題がどのように発生したのか、いつどのように発生したかの気づきは、大変困難を極めるであろう。第三に、栄養の問題点の評価基準はいかなるものかが浮かび上がる。そして、誰につなげばよいのか。地域で在宅高齢者の栄養について習熟するメンバーは皆無に近いと思われる。

摂食嚥下障害者のシステムの構築に向けての課題は、在宅での診断、評価、検査のできる医師、歯科医師がいないことになり、在宅での診断、評価ができる医師、歯科医師の養成が必要とした。

栄養の問題は栄養士がいる。しかしながら在宅療養を理解できる栄養士がどこにいるのか見えていない。地域における摂食嚥下機能リハビリテーションチームは、地域によりすべての多職種がそろうことはきわめてまれである。参加できるそれぞれの職種、家族が、不足する職種の役割を果たす必要がある。栄養についても同様のことが言えると思う。

したがって、摂食嚥下機能リハビリテーションチームに栄養士が加わり栄養評価を的確に行い、さらに栄養の内容を吟味する必要性が理解されれば、地域にＮＳＴ（栄養サポートチーム）を超えるさらなる強化、連携が始まると考えている。

❸栄養上の問題点の気づき

経口摂取をしている人の場合、食欲の不振あるいは低下や、何となく元気がないことが、病気を早期に発見する多くの情報源となる。認知症の場合は特に著明である。栄養の評価よりは脱水が原因となることが多く、水分にて解消するかどうか見きわめる必要がある。

また高齢者自身が、高齢になると小食でよいとの認識をもっている。多くの高齢者にとっての適切な量は、栄養学的必要量と相違がある。夕食の配達弁当は、翌日の朝食のために残す方が多いのも現状である。

ご本人が食べたくない理由は日常の行動と相関する。一日中家の中にこもり切りの人は食欲がない。一人での食事では食欲が出ない。あるいは認知症、うつ状態を併発していることも見逃すことはできない。介護者も「本人の希望だから」とそのままにすることが多い。

認知症デイサービスの利用者を見ていると、家では食べないが、デイサービスの利用者のみなさんとはよく食べられる。これは環境が大きく作用していることを示す。

介護者にとっては体重測定が重要で、デイサービスではよく食べていても体重が減少するようであれば、家における食摂取ができていないとみなすべきで、家における食のあり方も検討しなければならない。

しかしながら現実は、家族、本人にとって、食べられなくなっている、あるいは食べたくない、食べようとしても口からの摂取ができない――、このことが家族の最大の心配事となる。このような情報を共有することにより、家族と栄養について共有することが可能となる。

食べようとしないなかに、食べるとむせる場合がある。そのために食べることを自然と拒否することも多く、ここに、栄養評価前の摂食嚥下評価の重要性がある。

人として最期まで経口から食することを望むのは当然である。それが不可能になったとき、自ら再度生きることを選択するのかどうか。生きる意志があれば、どのような方法で適切な栄養を取るべきかが導かれるべきである。

↓高齢者と低アルブミン血漿

❶従来の計算式からの発想

在宅高齢者に低アルブミン血漿が多いのはなぜか。その原因の一つに従来の計算式からの発想がある。基礎エネルギー消費量（ＢＥＥ）の計算には「ハリス・ベネディクトの式」と呼ばれる数式が用いられる。

在宅療養患者は長期療養生活のなかで、経管栄養、経口摂取、あるいは経管と経口摂取を併用する場合、この式により算出され投与されている。

この式が基本となっているが、投与されている患者さんのなかでは、繰り返す発熱（誤嚥性肺炎が多いが）により体温が一度上昇すると基礎代謝が一三％上昇し、さらには重度肺炎になるとさらにエネルギー必要量が上昇する。こうしたエネルギー必要量に対して二五％から一〇〇％のエネルギーの増加が必要である。

果たしてその変異に対応した必要カロリーが供給できているか。状態に応じた適切なカロリー量に変える

ハリス・ベネディクト（HBE）の式

一日の消費エネルギー量は人それぞれ異なり、性別や体重、年齢などの因子により左右される。

HBEは安静状態の健常人が必要とするエネルギー量(kcal/day)を計算するために用いられる数式。

男性　BEE＝66.4730＋13.7516w＋5.0033h－6.7550a

女性　BEE＝65.0955＋9.5634w＋1.8496h－4.6756a

(w：体重(kg),h：身長(cm),a：年齢(歳))

HBEはやや煩雑な式であるため、日本人のBEEを算出するために作られた簡易式が存在する。

男性　BEE＝14.1w＋620

女性　BEE＝10.8w＋620

必要エネルギー量算出の実際

BEEは生存に最低限必要なエネルギー量、実際に必要とするエネルギーを算出するには活動係数やストレス係数(侵襲因子)と呼ばれる値を乗じて算出する必要がある。また、HBEはもともと欧米人を対象として作られた計算式であるため、これを日本人に当てはめた場合には実際の値よりもやや高めに算出される可能性がある。

ためには、多職種からのさまざまな情報の共有が必要である。

❷低栄養にシフトする高齢者

在宅栄養管理は、その方の生き方を含めたＱＯＬを考慮しなければならない。栄養の増加は病態像に即応したものである必要がある。

病態が悪化したときには、単に延命ではなく、リハビリのため、あるいは再度経口からの栄養摂取のために必要なカロリー量の増大などの、新しい目標がなければならない。したがって、ＰＥＭを改善させるためだけでは在宅の栄養プランは立てられなくなり、目標が必要となる。

しかしながら、在宅でのさまざまな条件下で栄養が適切かどうかの判断が難しい。アルブミン値は栄養評価に用いられているが、血清タンパク質の多くを占め、常に血管外プールによって調整され、さらには半減期が約二一日と長いために、仮に栄養補正したとしても結果評価には長期間を要し、栄養の変化時の評価値とはなりにくい。プレアルブミン、トランスフェリン（血漿中のタンパク質の一種）は比較的短時間の評価に適応されているが相対値であり、絶対評価になりにくい。したがって低栄養か、あるいは過栄養のどちらかにシフトする。

一般的には、重度障害のある高齢者の栄養は低栄養にシフトしている。それには単なる延命としての栄養補給は望んでいない理由からかもしれない。したがって正常値よりは下限での栄養評価になる。

6 座談会

食べることができなくなるとき

「誤嚥性肺炎から胃ろう」への悪循環を断ち切る

箕岡真子（東京大学大学院医学系研究科医療倫理・客員研究員／箕岡医院内科医師）

秋山正子（株式会社ケアーズ代表取締役／暮らしの保健室室長／白十字訪問看護ステーション・白十字ヘルパーステーション統括所長）

戸原　玄（東京医科歯科大学大学院医歯学総合研究科　老化制御学系“口腔”老化制御学講座　高齢者歯科学分野准教授）

司会／新田國夫（医療法人社団つくし会理事長）

新田　箕岡先生からの療養病床における摂食嚥下障害の患者の事例について、倫理的な分析を行います。分析は、①医学的な問題、②日常生活に関する問題、③本人の意向、④関係者・家族・周囲の状況に四分割し、それぞれに課題をあげて話を進めます。

事例

患者：六〇代男性　原疾患：心房細動

急性期の経過

心原性脳梗塞を発症し急性期病院に入院。

高次脳機能障害、構音障害、左片麻痺、嚥下障害があり、その後、胃ろうを造設。

四か月後に療養病床に転院。

療養病床での経過

1 転院時（発症から四か月後）

急性期病院でVF（嚥下造影検査）を実施し、経口摂取困難との評価。

失見当識、記銘力障害はあるが、日常生活上の意思決定、意思表示は可。

経管栄養を一日三回。療養病床に移ってから栄養状態は良好。六か月で体重四kg増加、アルブミン値四・一。

本人の経口摂取の希望が強く、他患者の食事風景を見せないように、食事時間は自室による安静臥床を促す。

転院当初は唾液分泌量が多く、車いす座位のときは常時流延しており、唾液によるむせ込みあり。

常時落ち着きがなく、「寂しい」「トイレに行きたい」「テレビつけてくれ」などで夜間のコールも頻回。

日中はほとんど車いすに乗っていたが、注意力障害もあることから、危険防止のため、車いす乗車時は安全ベルトを着用していた。ベッド臥床時は四本柵を使用（身体拘束）していた。

本人は感情の起伏が激しく、時折興奮したり、気に入らないことがあると、病棟の備品を投げたりした。その他ナースステーションの引き出しを開けたり、他の患者の床頭台の引き出しを開けたり、あるいは花瓶の水を飲むなどの行為もあり、常時見守りが必要な状態だった。

2 発症から九か月後

家族を交えてサービス担当者会議を実施し、以下の内容を説明した。

月に一、二回の熱発（誤嚥性肺炎）がある一方、他患のお茶や他患の部屋にあるポカリスエットを飲んだり、何かを食べたいというジェスチャーをする。経管栄養のクレンメを自分で操作して、滴下速度の調整をしたり、他の患者を車いすブレーキの補助棒で叩こうとしたりという行為があった。叩く行為は、経口摂取ができないストレスが原因とも考えられるため、リスクは伴うが再度のVFを実施してはどうか、と提案した。

家族からは、少しでも可能性があるなら実施してほしい、との要望だった。

その後VFを再実施し、その結果から「重度嚥下障害を認めたことにより、誤嚥性肺炎に伴う低栄養や脱水、廃用の合併症が起こりやすい」と家族に説明した。

家族は「再度肺炎を起こすようなら、そのときにまた考えたい。少しでも経口摂取させたい」との意向だった。

家族

妻は死去。姉、妹、叔父（キーパーソンの模様）。

本人・家族の意向

本人：何か食べたい。コーヒーを飲みたい。

家族：その場所（療養病床）に長くいて、口から食べさせてほしい（叔父）。

箕岡　これは、私どもが相談を受けたケースです。口から食べたいという本人・家族の意向と、誤嚥性肺炎のリスクから経口摂取不可とする医療側の対応がぶつかって、倫理的に苦慮しているというのが問題の中心点です。

医学的な問題

新田　まず医学的な問題から入りましょう。

この人は脳梗塞を起こして構音障害と左片麻痺があり、高次脳機能障害として失見当識、記銘力障害、半側空間無視があります。

またＨＤＳ-Ｒ（長谷川式簡易知能評価スケール）が７／30です。長谷川式は記憶を見る検査なので、この人の高次脳機能障害の評価がきちんとできているか、という問題はあります。

我々はここから高次脳機能障害を考えることになりますが、秋山さんの目で見てどんなことが想定されますか？

本人の意思能力をどう評価するか

秋山　「日常生活上の意思決定、意思表示は可」となっていますが、その一方で感情の起伏が激しく、いわゆる問題行動的に、たとえば他の患者のものを飲んだりしています。そこの兼ね合い、つまり行動の様子と頭のなかで起こっていることとの関係が、ちょっと想像できません。

また本人の意思として、単純に生理機能的に食べたいのか、食べる行為そのものに対して、どの程度の意欲があるのか、機能的にも本当に食べられないのか、などの疑問があります。

新田　それは重要ですね。

箕岡　このケースの場合、「意思決定、意思表示が可」というのは、決定内容の適切性は別問題として、自分で決めて表明はできる、ということだと思います。つまり、意思能力の構成要素のうち、できるのは、選択と表明ということで、情報の理解は適切にできていない可能性もあるし、論理的思考ができていない可能性もある、ということだと思います。

新田　その場合に、本人のその場の意思決定能力を、私たちはどう評価していかなければいけないのか、少し整理しましょう。

箕岡　まず一つ、意思能力の評価で、日常生活における決定と、医療上あるいはケア上の決定を同じにしていいかどうかは、非常に大事な問題だろうと思います。

医療に関しては、ある程度決まった評価方法、条件があります。しかし日常生活に関しては、同じような厳密さ厳格さが要求されるのかどうか、どのような意向を尊重しなければいけないのかは、必ずしも同じではないかもしれません。

その上で、医療上の決定ができる能力としては、①選択して表明できること、②自分に与えられた情報が理解できていること、③自分のおかれている状況を認識できていること、④論理的思考ができていること、という四つの要素を意思能力として要求しています。

新田　すると秋山さん、現実問題としてこの人の意思決定能力は、普通の現場ではどう考えていくのでしょうか?

秋山　たとえばケアの現場では、日常生活の行動から、やはり判断はできていないと考えてしまいがちです。入ってくる情報に対する解釈もわからないし、長谷川式が7点というあたりで、意思決定はできないのではないかと理解し、そういう判断をしがちだと思います。

新田　そうですね。戸原先生は、この場合の摂食嚥下の評価をどう考えますか?

嚥下評価をめぐって

戸原　この人はたぶん、誤嚥性肺炎を以前も繰り返していたわけではないですよね。

箕岡　療養病床に入ってから、月に一、二回の発熱（誤嚥性肺炎）があったようです。

戸原　ただ、年齢が比較的若く、片麻痺のみで、体重は不明ですが栄養はある程度入っていて、車いすの自走も可能です。すると、ADL（日常生活動作）的にとても悪いほうではなく、おそらく嚥下機能自体は大きく壊れていないと思えます。

しかし、問題行動的なところが多いので、VFで重度嚥下障害というのは、もしかしたら検査場面で、検査自体がうまくできなかった可能性も多分にあるのではないか、という気がします。

新田　療養病床で行われた嚥下評価は少し疑わしい、ということですね。それはいい意見だと思います。すると、この人は前にも誤嚥性肺炎を起こしていますが、それは食事介助の仕方など、療養病床のなかのシステム機能がうまくいかなくて起こしたこともあり得ますね。

戸原　むしろ多分にあり得ると思います。

新田　多分にあるということですが、それは秋山さん、どうですか？

秋山　もう一つは「常時唾液が流延しており」とあり、唾液の飲み込みも悪いとなれば、多少は飲み込んでいるけれども、かなり嚥下能力自体も悪いのではないか、とも考えられます。

もちろん左片麻痺なので、右側にきちんと寄せ、意識が覚醒した状態にして、注意喚起してきちんと介助すれば、きちんと飲み込めるという、ケアの技術的な面もあるかもしれませんが、常時唾液が流延というあたりで、夜間の不顕性誤嚥とも……。

戸原　「当初は」とあるので、いまはそうでもないのかなと……。

箕岡　この「当初」は、発症から四か月後だったと思います。

秋山　あ、それに「車いす座位のときは唾液が常時流延」だから……。

新田　おそらく、脳梗塞の経過過程にまだ要素があるのかもしれません。麻痺なので、座位のときは当たり前のように唾液は出てしまいます。戸原先生の膨大なデータでも、四か月ではまだまだ嚥下能力はほとんど回復していませんね。

戸原　そうですね。伸びしろはまだ大分あります。

新田　そうすると、唾液が多く座位で流延するのは、これは当たり前ですね。その後、唾液の流延はよくなるのですか？

箕岡　次第に軽快したと思います。

新田　そこで次に、ＶＦを再実施して「重度嚥下障害を認めたことにより、誤嚥性肺炎に伴う低栄養や脱水、廃用の合併症が起こりやすい」と説明。家族より「再度、肺炎を起こすようならそのときに考えたい。少しでも経口摂取させたい」との意向がある、という話ですが、ここで戸原先生の先ほどの指摘ですが、どうですか？

戸原　ある程度の年齢で、脳梗塞などのような既往があれば、食べる機能が若い頃と一〇〇％同じ人はほとんどいません。病気がなくても微妙に悪いこともありますから、これは、情報としてざっくりし過ぎという感じはします。重度という点を別にすれば、全員にあてはまってしまいます。ですからやはり、もう少し具体的に情報を提供するべきかと思います。

また、問題行動的なことがある人は評価の仕方に気をつけないと、本人の食べる機能よりも、その場でうまくテストができないことで、すごく悪い結果になってしまうことも多分にあります。

新田　高次脳機能障害がそんなに治っていないからですね。するとＶＦの評価自体、本当に嚥下障害があるかどうか疑わしい、という話ですね。

戸原　そうです。何とも言えないと思います。

秋山　この評価だと、胃ろうを閉じて全部、経口摂取にするのは「低栄養や脱水、廃用の合併症が起こりやすい」ということですね。

しかし、経口摂取をしたいという本人の意向と、口から食べさせてほしいという家族の意向を入れて、胃ろうは確保しながら経口摂取にもトライアルすることは可能ではないかと思います。つまり胃ろうと経口摂取の併用ですが、その選択肢はまるでないようです。

口から食べたらそれなりのリスクはあるという表現だろうとは思いますが、全部止めるという話にはならないように思います。

戸原　私もそう思います。

新田　ただこれは、療養病床や一般病床で日常的によく起こっていますね。

戸原　おそらく。

秋山　すっかり「止め」が多いですよね。

箕岡　肺炎のリスクを考えるということですね。

戸原　そうですね。○×になってしまうので……。この人は療養病床なので、身体のリハビリも十分にはできません。すると、すごく乱暴な言い方をすれば、たとえば普通の施設に入って過ごしていたら、たぶん放っておいてもADLが上がったりするのですけれども……。

新田　在宅に帰った場合も大きいですね。

戸原　ですから最初に、なぜ療養病床に行かないといけなかったのか、そこは気になるところです。

新田　もう一つ、家族はもちろん食べさせたいという意向だけれども、重度嚥下障害という医学的な評価をすることによって「これからはもう食べられません。このままの状況ですから家にも帰れません」という話になり

ます。

箕岡　家族も家で面倒をみたいという気持ちはあるけれども、実際は家では面倒をみられないという介護力の不足も、やはりあるのかと……。

新田　ありますね。ここまでで医学的な問題がかなり出ました。この段階における倫理というのはどう考えたらいいですか、箕岡先生。

一人の人をめぐる視点の違い

箕岡　まず、食べたい、飲みたいという本人の願望・要求をどう解釈するのかが、すごく大事なことかと思います。つまり、その病態の適切な医学的評価が、倫理的価値判断にも関わるということです。これは医学的視点だけの問題ではないのではないかと思います。

新田　基本的な嚥下評価が間違うと、そこには次の問題が出てきませんか?

箕岡　医学的な嚥下評価が誤っていると、さらなる余分な倫理的問題がついてきてしまいます。つまり、嚥下評価が非常に悪いから口から食べられないということで、本人の食べたいという自己決定のようなものを無理やり押さえ込まないといけなくなってしまいます。それから、誤嚥性肺炎の危険性を必要以上に強調しすぎてしまう、ということも出てくると思います。

新田　戸原先生の調査では、いまこういうケースは多いですよね。

戸原　ええ、多いです。しかし数字をまとめると、何も食べてはいけないほど嚥下機能が壊れている人は、そんなにいるわけではありません。

ただやはり、環境的なものが整わないからできないという問題もあるにはあります。逆にまた、嚥下評価が逆効果になっている場合がけっこうあるような気がします。そんな結果なら評価しないほうがよかった。知らずに食べていたらそのままだったのではないか、ということもあります。

新田 秋山さん、在宅ではどうなっていますか？

秋山 在宅では、食べてもらうほうです（笑い）。たとえば、本当に反回神経麻痺も起きていて、声帯のしまりも悪いとか、明らかに器質的に障害を受けている状況だったら、それは無理だと判断します。けれどもそうでなければ、量的には難しくても、やはり生理的欲求でもある食欲に対して、少しはそれを充足できるようにしようとしますね。たとえば「コーヒーを飲みたい」と言われたら、コーヒーゼリーだったらいけるのではないかというような発想で、気をつけながら食べてもらう。でも全部は無理だろうという判断で胃ろうと併用していく。そのために、家族がいなかったら介護者にどうしてもらうかというチームをつくっていく。そういうことに取り組みます。

箕岡 一人のまったく同じ人を、病院の入院の立場と在宅の立場で、これだけ視点や理解の仕方が違うというのは、すごく興味深いですね。

新田 本当にそう思います。この場合にやはり医学的な問題で難しいのは、高次脳機能障害を伴った嚥下機能評価をきちんと判定しないことによって、問題がさらに複雑化するということが一つあります。

さてこの人は、経管栄養が日に三回行われています。高次脳機能障害があって、食事の時間にほかの人といっしょにいると、誰かのものを食べたりするので自室で「安静臥床」とありますが、これはどういう意味ですか？

箕岡　自室にいて、他のみなさんが食べている姿を見えないようにしているのだと思います。「○○さんはお部屋にいましょうね」「休んでいましょうね」ということです。

秋山　食事のときは職員全員が食事介助に入ると思います。ですから、なるべく手がかからない状態のほうがよく、寝ていてもらったほうがいいのだろうと思います。

新田　そうするとこの段階でこの人は、口からは一切食べていないわけですね。

箕岡　そういうことです。だからすごく食べたいわけです。

戸原　そこで安静にしないといけないと、ＡＤＬ的にもまた落ちるし、ストレスがたまって問題行動が増えて……。

箕岡　そうだと思います。

戸原　問題行動を抑えようと薬が入り始めると、もうお終いになってしまうような気はしますね。

箕岡　いま薬は入っていないようです。

新田　不思議なのは、アルブミン値が四・一で体重が増えていることですが……。

秋山　それは栄養が三回いくから、十分なのですね。

箕岡　でもやはり口から食べたいのですよ、人間ですから。

新田　すると私たちが考えるのは、口から食べることと栄養とを比較して、やはり口から食べることを優先する、ということになりますか？

秋山　両方大丈夫ですよ。

箕岡　意識がしっかりしていて他人のものまでも食べたいわけですから。胃ろうからだけ水分栄養を補給して、その人に口から何としても食べさせないとか、家族の食べている様子を見せないというのは、家でなら虐待ですね。

新田　そういうことになりますね。この病院ではそれを継続していたと……。

箕岡　そうですが、決してこれを当然と思わず、みなさんすごく悩んでいたのです。まじめな人たちなのです。本人に食べさせてあげたいけど、誤嚥性肺炎を起こしてはいけないと……。

新田　嚥下評価の問題から悩んでしまったのですね。

箕岡　それが問題だというところに戻らなければいけなかったのでしょうね。「本当に食べられないのか」という原点に立ち戻って、嚥下機能の再評価をする。そして、日頃の生活や行動から見えてくる、本人の願望とか感情とかに配慮して、何が本人にとって最も善いことなのかを考えるということ。こういった思考のプロセスをとって、一度、立ち止まって考えてみることが大切だったのでしょう。

日常生活の問題

新田　ここで日常生活に関する経口摂取の問題に入ります。こういう高次脳機能障害を伴った人で、九か月くらいたった人はどうするのですか？

戸原　実際にしばらく接してみないとわからないですが、食べる機能自体が本当に壊れていなかったら、たとえばその人のペースに合わすなどの接し方ですね。

よくありがちなのは、スタッフのみなさんは時間がないので、自分のペースでやらないといけない。でもそうすると、こういう人はたぶんうまくできないわけです。その人のペースに合わせて介助する。そういう時間が取れると、それだけで変わってくる人がいます。それができるといいような気はします。

新田　それは、病棟や施設だと非常に困難なことが多いですね。

箕岡　限られたスタッフの数ですからね。

新田　限られたスタッフと限られた時間と定期的という……。すると家では？

秋山　家あるいは個別のケアがきちんとされている小規模多機能的な少人数の生活の場だと、たとえば「コーヒーが飲みたい」という意向なら、そういうものをつくってみて、その代わりお約束で「きちんとこうしてもらわないと、これは食べられない」という交渉をしながら食べてもらうという、そういうことがあります。

でも、大勢のなかでの食事介助というと、個別ケアではなくなるので、そこを個別ケアに戻していくことが必要になるのではないかと思います。

本人の意向の問題

新田　そうすると、この人の意向を守るためには、病棟から少人数の場所に移すということになります。そういうところはありますね。ところが本人の意向は、そこの場所を変わりたくない。

秋山　あ、変わりたくない？　へぇ～。

箕岡　妻も亡くなっていて行くところもないから、ここにはいたいと……。

秋山　そこは認識できるわけですよね。つまり、家に帰っても誰もいないと。だから、世話をしてくれる人がいるここが、それなりにいいと……。

箕岡　だけど、食べることはしたいと……。

新田　さて、どう考えますか？　花瓶の水を飲んだり、誰かの引き出しを開けてものを探したり、何か食べたいとジェスチャーをする、他の人のお茶やポカリスエットを飲んでしまう……。

箕岡　花瓶の水を飲むって、相当飲みたいということですよね。

戸原　食べものでないものを食べるほどに悪くはないのですね？

箕岡　それは、ちゃんとわかっています。

新田　この場合に私たちは、本人にとってもっといい環境と、ここにいたいという本人の判断の、どちらを重視するのでしょうか？

戸原　たとえば、どこかに行くところがあると提示して、うまく受け入れられればいいですけれども、実際にそちらのほうが合っていたとしても、無理やり連れて行くと、引き離されたということで、少なくともしばらくの間は不穏だと思います。その後うまく慣れていくかという心配もあります。

秋山　外出援助などで「見に行ってみよう」とか……。いきなり連れて行って移すのではなくて、別のところもあることを本人自身に見てもらって選択してもらう余地があったり、あるいは療養病床のなかのケアの体制をどう変えるかの提案が通っていくかどうか、というところだと思います。

新田　その場合に本人の意向を、いまのこの人の認識能力という問題に対して、どう尊重するのかという点は？

箕岡　もしかしたら、高次脳機能障害があるからというちょっとした偏見がスタッフのなかにあるのかもしれません。ですからその偏見を脇において、できる限りこの患者さんと、直接話をして、共感をもって「本人ができること」について再評価してみることも大切かと思いました。

新田　そのときに、本当に食べたい、飲みたいなら、食べてもらったら変わってしまうかもしれませんよね。

戸原　あり得ます。

箕岡　その可能性はあると思います。ただ病院側としては、それで何か起こったときに責任はどうなのかという、やはりどうしてもそれで二の足を踏んでしまうのだろうと思います。スタッフは、本人の願望を無視していることに良心の呵責がある。しかし、誤嚥性肺炎を起こしても困る、あるいは訴えられたらどうしようという法的不安もある。スタッフも「何が本人にとって最もよいことなのか」について揺れる想いがあり、ジレンマを感じているのだと思います。

関係者・家族・周囲の状況

新田　本人の意向と同時に家族の状況ですが、この場合キーパーソンは叔父で、「大切な大事な決定は叔父のひと言で決まるんです」と、これはよくある話です。やはり家には帰れないし本人もそういう意向だから、「その場所に長くいて、口から食べさせてほしい」ということですね。

箕岡　そうです。みなさんなかなか、自分の家に引き取るということはできない状況のようでした。

新田　そういう家族の意向という問題は、どう考えましょうか？

秋山　療養病床はそれなりに費用がかかっていると思われます。この頃は生活を基盤とするホームなどでも比較的ていねいにケアをするところがあるので、自宅でなくてもそういう場所に移して、もう少しケアを中心とした体制にするのは、あり得ると思います。

新田　この場合、この段階で医学的な事項はあまり意味がなくなっていますね。単に食べる食べないの話で、高次脳機能障害ももう慢性化して……。

そうすると、なるべく生活の場に戻す。別に自宅でなくてもよくて、そういう環境に戻すことによって、解決する可能性がありますね。

戸原　おそらく。

箕岡　重度嚥下障害という判断が変わればそうだと思いますが、実際にＶＦの結果、この重度嚥下障害という診断が残ってしまっているので、やはりみんな前に進めなかったのだと思うのですが……。

新田　もう一つの問題は、一つの病院や施設における評価が正しいかどうか。これだけの構図を見ただけで、私たちはこれを、ひょっとしたら違うのではないかと……。戸原先生はこういう状況をよく経験しませんか？

戸原　よくあります。ですから私も、院内よりも在宅の患者が多いのです。同じように「重症です」と言われて病院を退院した人もいます。でも、たとえば片麻痺くらいあっても座れていて、「お腹が空いてしょうがない」などとペラペラ話せる人が、まったく食べられないということは普通あまりありません。

「嚥下障害があるので肺炎のリスクが……」などと書いてしまうと、いわば免罪符です。要は自分たちの守りに近くなってしまうので、やはり個々にうまく自由度を広げていくことが必要な気がします。

箕岡　確かに医療者は、もしかして誤嚥性肺炎を起こして自分たちが訴えられるかもしれないという法的不安を常にもってしまいます。その不安をどう解消するのかということだと思います。それにはこの事例に限らず、嚥下評価をもっと適切にすることが大事ですよね。

戸原　私も、なぜこの人がそんなに重症なのかというケースは、たくさん経験しています。

悪循環を断ち切るには

新田　これからは、やはりこういう人たちが日常的に増えてくると思います。食事介助あるいは評価の間違いによって誤嚥性肺炎を繰り返して入院し、入院するとこの事例のような状態になる、ということが結果として起こる社会です。それを断ち切る方法を、これを機会に考えてみたいと思います。

秋山　嚥下評価の結果が悪く、経管栄養、胃ろう、腸ろうというルートでしか栄養補給ができない状態になると、この頃少し変わってはきているものの、家や生活の場に連れて帰るという意向が全然通らず、そのまま転院していくパターンがすごく多いのです。

転院すれば、肺炎を起こすと病院側の責任にもなるので、食べさせないほうが安全という考え方です。定期的に栄養は入れるから栄養状態はよいのですが、その人のＱＯＬ（生活の質）は抜きにして、身体的な状況としては「生かされている」状態になっていきます。

本当に慢性の維持期なわけですから、医療管理ではなく、なんとか生活の場にもっと近いところに戻す手だてはないだろうか、とは思います。

新田　私が最近経験した例があります。その人は九五歳でずっと特別養護老人ホームにいました。誤嚥性肺炎を起こして病院に入院し、治ってまた特養に戻る、ということを繰り返していて、病院で「もう末期です」と言われる状態になりました。たまたま娘さんが退職するので「最期は家でみたい」と、嚥下評価では食べられない状況でしたが、そのお母さんを家に戻しました。

そしたらその後、肺炎を起こさなくなったのです。もう一か月で末期だという人が、一回も起こさない……。

戸原　すごい。九五歳で？

箕岡　いまどういう形態を食べているのですか？

新田　常食を食べているのです（笑い）。

戸原　すばらしい。

箕岡　介助して？　自分で？

新田　介助と自分と。

箕岡　やはり気持ちが少し明るくなって……。

新田　その人はやはり認知症があっていつもニコニコしています。私は施設と病院での食事介助がまずかったのではないかと思っています。家で娘さんがていねいに介助することによって誤嚥性肺炎を起こさないという、そんなに難しい話ではないのです。

秋山　そうですね。時間をゆっくりかけられますから。

新田　だから悪循環をストップする方法は、やはりていねいな食事介助、きちんとした嚥下評価、そしてどういったものをどういった時間でという、そこにあると思います。

箕岡　本人のペースを大切にして、ということですね。

本人・家族の意思と医学の関係

新田　そこで元のケースに戻って、もう一つ倫理の問題ですが、本人や家族の意思と医学的な問題をどう整理すべきでしょうか?

箕岡　本人も口から食べたいし、家族も口から食べさせたいのです。食べさせないのは医療者だけなのですよね。

新田　どうすればいいですか?

箕岡　これはまさに倫理的なジレンマです。要するに、二つの善いこと（価値）が対立していると私たちは考えます。一つは、食べたいという本人の意思を尊重することは善いことで倫理的価値です。もう一つ、医療者が言う誤嚥性肺炎を減らすことも、すごく善いことで倫理的価値です。二つの善いことがぶつかっているから、倫理的ジレンマが生ずるのです。

新田　その場合、どちらも正しいと判断されたときに初めてジレンマになるのですね。どちらかが間違っていたら、ジレンマにはなりませんよね。

箕岡　おっしゃる通りです。ですからスタッフは、重度の嚥下障害というVFでの評価を信じて日常のケアや医療を進め、誤嚥性肺炎を起こさないために食べさせない。それがこの人たちにとって善行原則なわけです。

それと、本人の食べたいという願望を尊重する自律尊重原則とがぶつかってしまう。だから、スタッフは倫理的ジレンマとして悩み、倫理コンサルテーションにあげてきたわけです。

新田　私は、医学はそんなに重要視されるのか、そんなに正しい評価ができるのか、と逆に思うのです。基本的なところで間違っていると、ジレンマは起こりませんから。

箕岡　それはすごくあります。日本の事例ではありませんが、カレン・クィンラン事件という一九七〇年代のアメリカで起こった裁判です。

持続的植物状態のカレン・クィンランさんという女性の人工呼吸器の取り外しをめぐり、外すことを望んだ両親と、それを拒絶した病院が対立し、アメリカ中が論争になったほどでした。判決により結局、取り外すことになったのですが、外したあとでも彼女は自力呼吸で一〇年間生きたのです。ですから、医学的判断は常に正しいとは限らない、ということですね。

秋山　この間、九六歳の人が誤嚥性肺炎の疑いで、特養から急性期病院に入院したケースがありました。確かに炎症反応も強く、四日目に熱が下がった時点でどうするかという説明があり、選択肢を五つ示されました。その五つ、平坦に五つ並べられているのですが、明らかに胃ろうをすすめているのです。

箕岡　その五つの内容は何ですか?

秋山　まずＩＶＨ（中心静脈栄養法）でした。それから胃ろう、経鼻経管、「自然に」とあって、最後に末梢からの点滴で、という五つでした。家族の意向は、自然に口から食べさせてほしいということでした。

認知症が非常に進んだ状態で特養に入所していて、確かに嚥下機能は落ちていました。少しトロミをつけた食事を、少な目に食べていたところでの誤嚥でした。家族は、もう十分な程度には生き抜いてきたし、認知症でも一七年たっていたからと、元のように食べさせてほしいという意味合いではなく、もはやいろいろなものをつけないで口から自然に……という意味合いで、そう希望したのでした。

しかしそれは、意識がはっきりしていない時間が多いからとても危険だという説明が入り、ただしそう望むのであればと、次の日から嚥下訓練が始まりました。確かに覚醒の度合いが低いので、なかなかうまくいかないわけです。

でも最期であれば、それこそ「家に連れて帰るか」という話になったときに、特養の人から「自分たちもこの人には長く関わってきたので、最期は特養でみさせてほしい」という意向が出たのです。それで特養に帰ることになったのですが、医師から最後通告のように「何があっても知りませんよ」と言われたのです。

箕岡　そういった「突き放した言い方」は、あまり好ましくないですね。

新田　日常的にあるはずですよ。

秋山　脅すのではなくて、たぶん責任感の強さから「帰る途中で何があっても責任もてませんよ」という意味合いなのです。つまり、帰り着くまでは病院の責任になるからです。結局、「何があってもいいから」と

特養に連れて戻りました。

これだけ食べられない状態だから、点滴を外せば数日で亡くなるだろうとの予測でしたが、それが四か月半生きて、最期は自然に亡くなりました。

特養に戻って来たら、もちろん家族も行きますけれども、職員がいつもの聞きなれた声でしっかり話しかけ、きちんと体を整えて、ゼリーを一さじ、二さじという形で食べていくことで、やはり四か月半生きるわけです。その間はゆるやかな時間ですが、とても大事で豊かな時間だったのですね。特養の人たちもそれなりの覚悟をして、二度と病院には送らないという約束事のもと、最期をそうやって看送られた人がいました。

戸原　すばらしいですね。

新田　最後に私は、次の言葉が私たちの覚悟だと思うのです。

To cure sometimes.（癒すことは時々できる）
To relieve often.（苦しみを軽くすることもしばしばできる）
To comfort always.（しかし患者を支え、慰めることはいつでもできる）

アンブロワーズ・パレ*（日野原重明訳）

箕岡・秋山・戸原　そうですね。

*アンブロワーズ・パレ（Ambroise Paré・一五一〇～一五九〇）＝中世のフランスで血管外科を発達させた外科医。

あとがき

前著「食べることを問い直す――物語としての摂食嚥下」を出版した時（二〇一四年三月）は、東京都の多摩立川保健所管内で行った、「摂食嚥下機能支援事業」という一つの事例と地域づくりのノウハウをベースに、これからの未来に向けて「食べる機能」について展望してみようというテーマ設定がありました。

多摩立川の事例では、現実に、都の保健所が地域の健康課題として、「高齢者の摂食嚥下障害」と言うものを発掘し、その課題解決のために、東京都庁や都医師会、都歯科医師会など関係機関・関係団体と協働しながら、面としての地域展開を繰り広げていった事実の軌跡がありました。

その後、このような「地域」という単位で繰り広げられた「摂食嚥下の取り組み」は、徐々に全国のさまざまな場で進められ、学会やマスコミ等でも、取り上げられようになっていきました。ちなみに、戸原玄先生（東京医科歯科大学准教授）らの研究によれば、今日、全国の地方自治体で調査に回答した都道府県の九割、保健所の約半数が、なんらかの摂食嚥下の取り組みを行っていると答えています。

しかし、そのようなムーブメントの中で、次なる課題も見えてきたのです。それが、本書の中心的文脈としての「高齢者の栄養とはいかにあるべきか?」という課題でした。

それは、新田國夫先生が、在宅医としての日々の臨床の中から、本書の随所で問題提起した高齢者の栄養に関するさまざまな問いです。その答えを、現在の栄養学の地平から見出すには、もう少し、学問と臨床の間の対話が必要なようです。

そんな中で、国は、超高齢社会の到来を見据え、今後、〝フレイル対策〟を行っていくことを検討しています。

これからの高齢者が健康寿命を延伸していくための方策として提案されたのが、飯島勝也先生が、本書で詳しく述べた、「フレイル対策」という新しい流れでした。

この内容は、「食・栄養（口腔）」と「運動」と「社会参加」の3本柱を、決して別々でなく、三位一体に進める時に、初めて真のフレイル（虚弱）予防ができるというメッセージでした。

この「三位一体」という方法論の中には、従来の介護予防事業で突き破れなかった閉塞感を打ち破る鍵があるような気配を感じます。

と同時に、「孤食」ではなく、「人と関わりながら食べる」という食の形態は、「食事」のもつ意味を、エネルギーの供給や、肉体の構築という純生物学的な意味合いから、「社会の中で、人間として生きる上での食の意味」という文脈を提示していると思うのです。

そういった意味で、人生の最期で、いかに生きるか、ということは、いかに食事を摂るかということに通じますが、本書の座談会の中で、医学的思考と人間の尊厳を見据えた自己決定、また、病院的判断と在宅的判断等の、それぞれの対極の間で、現場の私たちが揺れ動きながら判断をしていくケアの実際的な様相が語られ、読み手の心を揺さぶる対話が繰り広げられています。

以上、本書全体の中では、さまざまな問題が、重層的に提起されていますが、そこを貫くものは、「高齢者にとって食とは何か?」というストレートな問いなのです。

ここで、もう一度、本書執筆の目的を振り返ってみれば、超高齢社会を迎える日本のこれからの有り様をいかにしていくかという方向性と運動論を求めて、さまざまな実践者の智慧を集めることにあった、と考えられます。

飯島先生は、フレイル対策を、『総合知』によるまちづくり」、と呼んでいますが、まさに、これからの時代は、医療・介護・予防と言った枠組みを超えて、「まち」の中に、「住民」と「専門家」と「行政」が、それぞれの視点を共有しつつ総合化された運動を、生きいきと創造できるかにかかっていると言っても過言ではないでしょう。そして、それが、私たちが、いま求めている地域包括ケアの未来像ではないかと思います。

結びにあたって、これから生まれてくるであろう多くの地域での具体的実践の積み重ねを心から期待し、あとがきに代えさせていただきます。

二〇一六年六月

矢澤　正人

監修者プロフィール

新田　國夫（にった　くにお）

1967年早稲田大学第一商学部卒業、帝京大学医学部卒業、帝京大学病院第一外科・救急救命センターなどを経て、東京都国立市に新田クリニック開設、在宅医療を開始、医療法人社団つくし会設立、理事長に就任し現在に至る。医学博士・日本外科学会外科専門医、日本消化器病学会専門医。医道審議会保健師助産師看護師分科会看護師特定行為・研修部会委員、厚生労働省老人保健健康推進事業地域包括ケア研究会委員、東京都在宅療養推進会議会長、全国在宅療養支援診療所連絡会会長、日本臨床倫理学会理事長、福祉フォーラム・東北会長、日本在宅ケアアライアンス議長。

編者プロフィール

飯島　勝矢（いいじま　かつや）

東京大学大学院医学系研究科加齢医学講座講師、米国スタンフォード大学医学部研究員を経て、現在、東京大学高齢社会総合研究機構教授。医学博士。内閣府「一億総活躍国民会議」有識者民間議員にも就任。専門は老年医学，老年学（ジェロントロジー：総合老年学）、特に①フレイル予防の高齢者大規模コホート研究および包括的フレイル予防プログラム構築。なかでも新概念「オーラルフレイル」を構築し、口腔機能の些細な低下を国民に啓発する運動論とエビデンス構築、②千葉県柏市をフィールドとする課題解決型実証研究（アクションリサーチ）を基盤とした長寿社会に向けたまちづくり・地域包括ケアシステム構築、③在宅医療に関する推進活動と臨床研究、およびその大学卒前教育や多職種連携教育。

戸原　玄（とはら　はるか）

1997年に東京医科歯科大学歯学部卒業し、同大学の高齢者歯科の大学院へ進む。大学院在学中に嚥下リハを勉強するために藤田保健衛生大学医学部リハ科に国内留学、ジョンズホプキンス大学医学部に留学し、帰国後、訪問での嚥下リハに力を入れ始める。2008年より5年間、日本大学歯学部摂食機能療法学講座にて都区内全域へ訪問の嚥下リハを進める中、東京都の摂食・嚥下専門研修、多摩立川保健所の摂食・嚥下機能支援事業に関わり、2013年より東京医科歯科大学高齢者歯科学に異動して、同様の臨床や各種事業への協力を行っている。東京医科歯科大学大学院医歯学総合研究科　老化制御学系“口腔”老化制御学講座高齢者歯科学分野准教授。

矢澤　正人（やざわ　まさと）

1978年に、東京医科歯科大学歯学部を卒業後、同大学予防歯科学講座の大学院で、むし歯予防の研究を行い、1982年に博士課程を修了。その後、公衆歯科衛生の現場での活動を希望し、東京都杉並区南保健所に勤務。杉並区における寝たきり高齢者の訪問診療の事業化に携わる。2000年に東京都多摩小平保健所に勤務。2005年に多摩立川保健所に異動し、摂食・嚥下機能支援事業を開始。2012年に新宿区健康部に異動し、新宿区ごっくんプロジェクト（摂食・嚥下をテーマとしたリハビリテーション連携モデル事業）を進めている。東京都新宿区健康部参事。

装丁・デザイン　菅田　亮

老いることの意味を問い直す
フレイルに立ち向かう

2016年7月31日　初版発行

監　修　©新田國夫　｜Nitta Kunio｜
編　著　飯島勝矢　｜Iijima Katsuya｜
戸原　玄　｜Tohara Haruka｜
矢澤正人　｜Yazawa Masato｜

発行者　田島英二　taji@creates-k.co.jp
発行所　株式会社クリエイツかもがわ
〒601-8382　京都市南区吉祥院石原上川原町21
電話 075(661)5741　FAX 075(693)6605
郵便振替　00990-7-150584
ホームページ　http://www.creates-k.co.jp

印刷所――T-PLUS／為国印刷株式会社

ISBN978-4-86342-191-2 C0036　Printed in Japan

認知症の人の医療選択と意思決定支援

本人の希望をかなえる「医療同意」を考える

成本 迅・「認知症高齢者の医療選択をサポートするシステムの開発」プロジェクト／編著

家族や周りの支援者は、どのように手助けしたらよいのか。もし、あなたが自分の意向を伝えられなくなったときに備えて、どんなことができるだろう。　2200円

認知症と共に生きる人たちのための

パーソン・センタードなケアプランニング

付録CD

ヘイゼル・メイ、ポール・エドワーズ、ドーン・ブルッカー／著　水野 裕／監訳　中川経子／訳

認知症の人、一人ひとりの独自性に適した、質の高いパーソン・センタードなケアを提供するために、支援スタッフの支えとなるトレーニング・プログラムとケアプラン作成法！［付録CD］生活歴のシートなど、すぐに役立つ、使える「ケアプラン書式」　2600円

VIPSですすめる パーソン・センタード・ケア

3刷

あなたの現場に生かす実践編

ドーン・ブルッカー／著　水野 裕／監訳　村田康子、鈴木みずえ、中村裕子、内田達二／訳

「パーソン・センタード・ケア」の提唱者、故トム・キットウッドに師事し、彼亡き後、その実践を国際的にリードし続けた著者が、パーソン・センタード・ケアの４要素（VIPS）を掲げ、実践的な内容をわかりやすく解説。　2200円

ノーリフト　持ち上げない看護　抱え上げない介護

ノーリフトケアプログラムで腰痛予防対策　保田淳子／著　垰田和史／監修

ノーリフトプログラムは、リフトなどの機器導入だけでなく、現場の腰痛予防対策の知識やケアの方法、文化を変えていく。腰痛を予防し、職員の健康を守ることで人材確保と経営の安定につながる！　拘縮、褥瘡予防にも役立つことを証明！

【付録DVD】「実技動画ＤＶＤ」でさらに深く学べる　2000円

ソーシャルワーク・ポケットブック

パワーとエンパワメント

シヴォーン・マクリーン、ロブ・ハンソン／著　木全和巳／訳

パワーの機能と構造を学び、人権と社会正義に根ざした、本来のパワーを促すエンパワメント実践の追及を！ 利用者訪問の移動中や合間に、気軽に、手軽に読め、実践の振り返りと利用者への対応に役立つ！　1600円

介護オンブズマンがまとめた これ1冊でわかる特別養護老人ホーム

特定非営利活動法人 介護保険市民オンブズマン機構大阪／編著

「告発型ではなく橋渡し役」を基本スタンスにする市民オンブズマンが、15年の活動の中でまとめた特養利用のガイドブック、「介護を受けながら施設で暮らす」ことを考える1冊！　1500円

http://www.creates-k.co.jp/

認知症カフェハンドブック

5刷

武地 一／編著・監訳　京都認知症カフェ連絡会・NPO法人オレンジコモンズ／協力

イギリスのアルツハイマーカフェ・メモリーカフェに学び、日本のカフェの経験に学ぶ。開設するための具体的な方法をわかりやすく紹介！ 認知症になったからと家に引きこもったり、家族の認知症のことで一人悩んだりするのではなく、気軽にふらっと立ち寄って、認知症のことを話し合ってみたい。そんな思いをかなえる場所、それが認知症カフェです。

1600円

認知症を生きる人たちから見た地域包括ケア

「京都式認知症ケアを考えるつどい」と2012京都文書

3刷

「京都式認知症ケアを考えるつどい」実行委員会／編著

京都の認知症医療・ケアの現在と道筋をデッサンし、認知症を生きる彼・彼女から見た地域包括ケアを言語化する試み――「つどい」の全記録。採択された『2012京都文書』の全容が明からに！

1800円

認知症ケアと予防に役立つ 料理療法

2刷

湯川夏子／編著　前田佐江子・明神千穂／共著

高齢者にとって料理は長年慣れ親しんできた日常生活の一端です。それを通して楽しみとやる気を得、役割を担うことで精神面での向上につながります。心と身体に栄養を！ 施設や地域、自宅でLet's Try！ 高齢者施設で人気のメニュー＆レシピ14品を紹介。

2200円

認知症ケアの自我心理学入門　自我を支える対応法

ジェーン・キャッシュ　ビルギッタ・サンデル／著　訓覇法子／訳

認知症の人の理解と支援のあり方を、単なる技法ではなく、「自我心理学」の理論に裏づけられた支援の実践的な手引き書、援助方法を高めていく理論の入門書。認知症の本人と家族、そして介護職員のための最良のテキスト！
〔付録〕認知症ケアのスーパービジョン

2000円

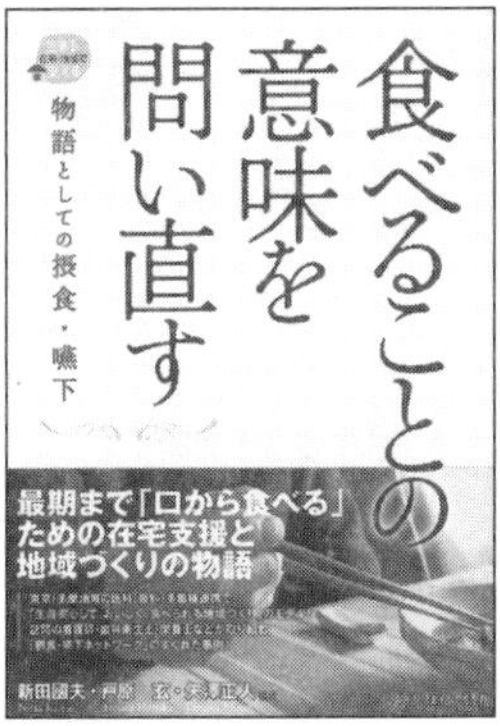

◉食べる意味を通して、高齢社会の医療のあり方を、地域の実践を通して考える――

食べることの意味を問い直す

物語としての摂食・嚥下

新田國夫・戸原 玄・矢澤正人／著

医科・歯科・多職種連携で「生涯安心して、おいしく、食べられる地域づくり」「摂食・嚥下ネットワーク」のすぐれた事例紹介！ 医科・歯科の臨床・研究のリーダーが、医療の急速な進歩と「人が老いて生きることの意味」を「摂食・嚥下のあゆみとこれから」「嚥下の謎解き―臨床と学問の間」をテーマに縦横無尽に語る！ 2200円

http://www.creates-k.co.jp/

DVDブック　認知症の人とともに

永田久美子／監修　沖田裕子／編著

認知症の人の思いがつまった90分のDVD収録

〈DVDの内容〉日本の認知症ケアを変えたオーストリアの当事者：クリスティーン・ブライデン＆ポール・ブライデンさん。触発された日本の当事者：佐野光孝さん、中村成信さん、佐藤雅彦さん。講演「私は私になっていく」（クリスティーン）全収録〈35分〉

5000円

認知症の本人が語るということ

扉を開く人 クリスティーン・ブライデン

永田久美子／監修　NPO法人認知症当事者の会／編著

クリスティーンと認知症当事者を豊かに深く学べるガイドブック。

認知症の常識を変えたクリスティーン。多くの人に感銘を与えた言葉の数々、続く当事者発信と医療・ケアのチャレンジが始まった……。 2000円

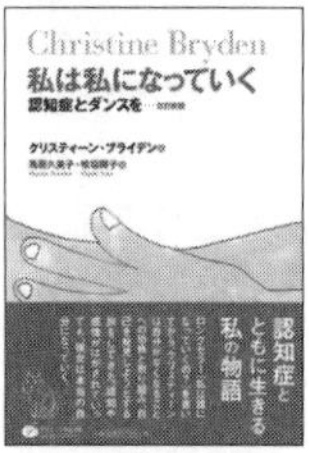

私は私になっていく
認知症とダンスを〈改訂新版〉

2刷

クリスティーン・ブライデン／著　馬籠久美子・桧垣陽子／訳

ロングセラー『私は誰になっていくの？』を書いてから、クリスティーンは自分がなくなることへの恐怖と取り組み、自己を発見しようとする旅をしてきた。認知や感情がはがされていっても、彼女は本当の自分になっていく。

2000円

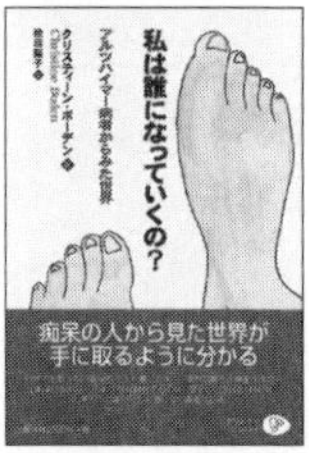

私は誰になっていくの？
アルツハイマー病者から見た世界

21刷

クリスティーン・ボーデン／著　桧垣陽子／訳

認知症という絶望の淵から再び希望に向かって歩み出す感動の話！

世界でも数少ない認知症の人が書いた感情的、身体的、精神的な旅―認知症の人から見た世界が具体的かつ鮮明に分かる。 2000円

感語詩　あなたと行きたい 活きたい 生きたい

小田尚代／著

定年を前に夫は倒れた。診断は「若年性アルツハイマー」。会社を退職した夫、そして家族との涙と笑い、葛藤の日々。ゆれ動く思いをつづった詩的な「書」が1冊に。

2000円

http://www.creates-k.co.jp/